La Bataille du rail

de 2018
que livrent, avec
des mots, des
écrivains engagés
aux côtés des
cheminots en
lutte

Jean-Marc Sal[illegible]

La Bataille du rail

Cheminots en grève, écrivains solidaires

Dessins de Mako

Don Quichotte éditions

www.donquichotte-editions.com

ISBN : 978-2-35949-730-4

Préface

Derrière les premières lignes où campent les cheminots, un formidable mouvement de solidarité s'organise. En quelques semaines, la cagnotte des grévistes a engrangé près de 1 million d'euros, sous le regard étonné de beaucoup. Pourquoi une telle surprise si ce n'est que nous regardons notre société dans un miroir déformé ? L'idéologie du chacun-pour-soi, de l'égoïsme comme principe de rationalité sociale, s'est moins infiltrée dans les esprits que nous l'imaginions. Il a suffi de femmes et d'hommes déterminés à faire front pour défendre le statut de la SNCF et des cheminots, un établissement public et des acquis sociaux, pour que des gestes de solidarité surgissent.

Au siècle précédent, en temps de grève, les militants, par quatre, parcouraient les rues en tenant un drapeau rouge par ses coins et invitaient leurs concitoyens à jeter une pièce voire un billet dedans. La monnaie métallique est métamorphosée et l'esprit d'entraide aussi, ils s'expriment sur un mode électronique. Le mot de cagnotte a des effluves familiers, séculaires. Mais, hébergée sur Internet, elle niche dans un des territoires où s'invente la modernité, où les aspirations à la coopération, au « libre », mènent un combat à fleurets mouchetés contre celles du contrôle social et du profit.

Les cheminots sont montés en première ligne pour rendre pleinement à la SNCF son caractère de service public. Le mouvement des cheminots donnera-t-il un coup d'arrêt aux assauts contre les espaces sociaux libérés des contraintes du profit ? Tel est l'espoir des uns et la crainte des autres.

Quand une confrontation s'engage, chaque protagoniste espère la victoire. L'indétermination de l'issue mobilise chacun. Nous mettons la dernière main à ce livre alors que les volontés des cheminots grévistes et du pouvoir se testent, que leur rapport de force s'évalue. En ces moments d'indécision, des dizaines d'écrivains ont jeté leur nom du côté du monde du travail. Avec Didier Daeninckx, nous avons songé à rassembler leurs énergies dans un livre que Jean-Marie Laclavetine a fait advenir pour convoquer l'imaginaire du rail.

Jean-Marc Salmon

Tatactatoum

les nuits d'été les fenêtres ouvertes au vent du nord charriant
les gémissements de ferraille
de la gare de triage de Pantin
tatactatoum tatactatoum tatactatoum

boggies sshhh-poc ! shhhh-poc... nuage de vapeur blanche
odeur noire du charbon âcre odeur âcre du charbon noir
e pericoloso sporgersi par la fenêtre tandis que nous passions notre première nuit blanche
que le train nous menait vers
Thonon-les-Bains – la classe de neige
les parents leurs billets achetés pour aller sur les quais fermés par des grilles
leurs billets visiteurs et pas voyageurs
et les longues voitures vertes
vert wagon
tatactatoum tatactatoum tatactatoum

de retour du Berry Châteauroux les compartiments photos noir et blanc
le pont Valentré à Cahors les remparts de Carcassonne
les odeurs de saucisson à l'ail coupé sur un mouchoir à carreaux posé sur la cuisse d'un géant les remugles de vin les serveurs en livrée blanche

dans la voiture – restaurant du Capitole la gare de Limoges le bar cuivré
les trains avaient des noms de vent le Mistral
de plateaux battus par les vents
le Cévenol l'Aubrac
tatactatoum tatactatoum tatactatoum

nez d'enfant collé à la vitre
le paysage défile
zébré de flocons gifles verticales
l'express Châteauroux-Paris tortillonne la neige en spirales avalées
  par le fanal arrière
tatactatoum tatactatoum

haine des dimanches englués
interminables après-midi qui assoiffent d'espaces de lointains
jusqu'à s'engouffrer dans un métro pour la gare de l'Est
jusqu'à passer des heures à rêver
sur des noms de gare Sarrebruck Cologne
attention au départ
les militaires aux crânes rasés qui s'en retournent vers l'Est occupé
et les étreintes les baisers les larmes de ces fiancées
qui restent plantées là
comme des automates agitant leurs mouchoirs
et leurs yeux fanés de noir rimmel
et l'odeur des freins métal chaud
tatactatoum tatactatoum tatactatoum

et moi pleurant à la gare du Nord quand elle partait pour Londres
  où elle en aimerait un autre comme elle en avait aimé encore
  un autre anonyme dans ce compartiment bondé
dans ce train de nuit pour la gare de Lyon
et que je fermais les yeux faisais semblant de les fermer
mes yeux de seize ans *when the train left the station all my love in vain*
tatactatoum tatactatoum tatactatoum

corails pimpants orange, bleus, sièges larges comme des fauteuils de direction
secondes comme des premières
premières comme je ne sais quoi
et celle-là qui me dévorait des yeux
couchettes pleines des ronflements des hommes
des odeurs de pieds de leurs odeurs
tatactatoum tatactatoum tatactatoum

les numéros tatoués sur le bras de celui-ci qui n'oublia jamais
la facture de son trajet vers Auschwitz
envoyée à l'Allemagne nazie par la Société des chemins de fer
chevaux 15 hommes 40
tu parles d'une foutaise
hommes 50 ou 100 ou 150 oui plutôt
pour le train 7909 en direction de Dachau du 2 juillet 1944 100 hommes
entassés dans chaque wagon
22 wagons de ce type constituant le train 7909
tatactatoum tatactatoum tatactatoum

et celui-là qui voulait faire l'armée pour apprendre à se servir d'un fusil
face aux chars quand nous ferions la révolution
celui-là le même qui plaqua le lycée pour vivre en ouvrier en cheminot
et qui laissa sa jambe sur les rails en réparant un aiguillage
et cet autre qui planta son regard dans celui du conducteur
un petit-fils de républicain espagnol
juste avant de sauter sous sa motrice aux flancs luisants de pluie
et cet autre encore un cheminot
qui releva les morts les blessés en gare de Brétigny-sur-Orge
et qui ne s'en remit jamais
tatactatoum tatactatoum tatactatoum

et celui-ci le paysan
qui écrivit aux siens une dernière carte postale
postée de la gare de Condé-sur-Huisne le 2 août 1914
avant de monter à bord du train
et qui mourut en Belgique le 12 novembre 1918
tatactatoum tatactatoum tatactatoum

une voiture-lit bien plus tard en provenance de Vienne
ce journaliste qui avait oublié ses notes son carnet son précieux carnet
dans la voiture-bar décrochée à la frontière suisse
le début d'une litanie de transsibérien Orient-Express train des
Andes trains trains trains partout
tatactatoum tatactatoum tatactatoum

ces trains mississippiens qui roulaient sur les eaux comme Jésus
le Jésus des églises baptistes noires américaines
avait marché sur l'eau
sirènes des longs trains
freight trains Pacific Union Western Pacific
trois miles de long
hobos hobos hobos
longues plaintes des cornes de brume
tatactatoum tatactatoum tatactatoum

le Chihuahua-Los Mochis pour lequel la question ne fut jamais de savoir s'il serait en retard mais de combien pariant sur le quai où des Indiennes tarahumaras vendaient leurs paniers quand un chanceux pouvait se faire deux trois cents pesos
dont il se ferait soulager
quand les *desperados* à cheval attaqueraient le train
flinguant au passage un touriste suisse qui avait cru
à une attraction réussie

sorti son caméscope
pris une balle dans la tête
tatactatoum tatactatoum tatactatoum

Moscou-Pékin via Oulan-Bator les marchands mongols ivres se battant à coups de carafon
sur la tête
de couteau
se relayant pour dormir à tour de rôle dans les compartiments de seconde pleins de camelote
achetée à Istanbul fourguée sur les quais de Perm-Novosibirsk
Taïga cinq minutes d'arrêt
tatactatoum tatactatoum tatactatoum

le même voyage en février par moins quarante et deux heures de lumière par jour
Taïga cinq minutes d'arrêt
dehors moins quarante
le vieil homme à la pipe dont l'aïeul avait tué Pouchkine en duel
tatoumtatac tatoumtatac tatoumtatac

la petite *provodnitsa* mongole qui avait rencontré son mari dans le train
le Malien oublié à Irkoutsk par l'Union soviétique moribonde
et qui vendait des parapluies
tatactatoum tatactatoum tatactatoum

le train des Andes les Andes dégringolant par pans entiers sous la pluie
la terre qui tremble au ralenti devant le train dans la vallée
Apurimac Ucayali
berceau du fleuve Amazone
la gare d'Ollantaytambo les femmes qui fourguent des ponchos par la fenêtre

comme les vieilles *babayagas* les pommes de terre à l'aneth
le poisson fumé
sur les rives du Baïkal
fracatactatoum fracatactatoum fracatactatoum

l'Orient-Express quand tu es montée à califourchon sur moi sans prévenir
entre Innsbruck et l'Italie
nous nous sommes réveillés sur le Grand Canal
après avoir raté le voyage de Moïse en Terre promise
tatactatoum tatactatoum tatactatoum

le Berry à pleine vapeur loco Mountain 241 P17
dix-septième des trente-cinq dernières locomotives à vapeur
forgées dans les usines Schneider du Creusot entre 1948 et 1952
née le 10 mai 1950 sous le signe du Taureau
une dernière fois Le Mans en 1969
dix ans avant le premier TGV
Le Creusot-Bourges
aller-retour à cent vingt à l'heure
tatactatoum tatactatoum tatactatoum

Banassac-La Canourgue
la petite gare où j'achetai quatre billets pour Venise
l'enfant qui jouait au chef de gare
Paris-Béziers
la petite gare close
tatactatoum tatactatoum tatactatoum

l'hôtel de la gare et des voyageurs
des voyageurs
de la gare
de Boissy-Maugis
tatactatoum tatactatoum tatactatoum

dizaines centaines de pages milliers millions de signes
lus écrits relus
romans
TGV TER Nogent-le-Rotrou-Paris-Montparnasse
Paris tiret Montparnasse tiret vaugue trois dit la machine
tatactatoum tatactatoum tatactatoum

et cette fois où nous n'avions pas dormi du tout
d'avoir trop fait l'amour
nous séparer sur le quai d'Austerlitz
me réveiller à Cahors
près du pont Valentré
sa photo au-dessus de ma tête
le contrôleur
tatactatoum tatactatoum tatactatoum

tout le monde descend

Patrick Bard *est l'auteur de huit romans, dont* La Frontière *(Seuil, 2002),* Et mes yeux se sont fermés *(Syros, 2016). La question des femmes est au centre de son travail d'écrivain. Il est aussi photographe. L'Amérique latine, les peuples autochtones, les frontières, les routes et les questions de l'eau sont ses thèmes de prédilection.*

Cherche train désespérément

Salopards de grévistes.

Deux heures putain, deux heures que j'attends comme une truffe qu'un train daigne passer. Et bien sûr il commence à pleuvoir, je vais choper la crève à tous les coups c'est clair. J'aurais dû m'en douter, ma vie est un long dérapage que je ne sais pas contrôler. Mais cette fois la coupe est pleine. Je viens de me faire licencier par texto, en général les seuls à me souhaiter bon anniversaire le jour de mon anniversaire sont La Redoute et Séphora, et en plus hier soir j'ai trouvé près du canapé un préservatif usagé. Je vis seule avec ma fille de treize ans.

De temps en temps j'avoue, j'ai du mal à faire face.

Sale gosse. J'ai enfanté un monstre. Ou en tout cas, une sacrée pétasse. Au choix. Plus je la vois grandir et plus je me demande si elle n'a pas été élevée par une famille de gorets, c'est très dur pour une mère de faire ce genre de constat. Décidément, l'adolescence est un âge difficile à vivre. Surtout pour les parents. Personnellement je n'en peux plus, ça fait maintenant quinze jours qu'elle ne m'adresse plus la parole, simplement pour me punir d'avoir perdu mon boulot.

Comme si j'avais besoin de ça.

Bon d'accord, je la comprends d'être en colère, ce n'est pas vraiment gratifiant d'avoir une mère au chômage – mais tout de même. On ne m'empêchera pas de penser que sa conception de l'empathie n'est pas encore très au point.

Passons.

Au fond je sais bien que tout est de la faute de son père, depuis qu'il m'a quittée pour le fils de sa secrétaire, rien ne va plus. J'ai tendance à couler. J'ai beau faire des efforts, il ne faut pas se voiler la face – tant d'années passées côte à côte à se taper sur les nerfs, ça crée des liens très forts. Je ne m'en remets pas. Oh bien sûr ça faisait longtemps qu'on n'avait plus rien à se dire, mais qui n'a pas ses petits soucis ? Sans lui je suis perdue et quand je me regarde dans la glace, j'ai souvent l'impression de contempler une nature morte. On gère ça comme on peut.

Le bâtard.

Non mais franchement, qu'est-ce qui m'a pris d'épouser ce blaireau ? Est-ce que sans le savoir j'aurais un penchant pervers pour la zoophilie ? Dire qu'il a piétiné les plus belles années de ma vie... des fois je me déçois moi-même. Quelle cruche. Voilà où ça mène, d'avoir trop bon cœur – si le train ne se décide toujours pas à passer, je sens bien que ce soir je vais encore coucher avec moi.

Salopards de grévistes et enfoiré d'Alex – il m'en a fait croquer, de la pomme véreuse, celui-là ! C'est simple, quand il ne m'emmerdait pas trop, il m'ennuyait profondément. Un vrai conte de fées. Et question bagatelle, ce n'était pas non plus le Pérou ou les Jeux olympiques – à chaque fois qu'on faisait l'amour, il m'appelait « maman ». À force, ça use un peu.

N'empêche.

Dix-huit ans de mariage pour finir cocufiée par un petit pédé qui en plus s'appelle Childéric, c'est dur à digérer. Surtout qu'en l'occurrence je ne suis pas tellement aidée, même mon psy vient de me dire qu'il ne souhaitait plus me revoir sous prétexte que je lui fous le cafard. Chochotte, va. Encore une grosse feignasse comme ces salopards de grévistes. Bande de planqués. Le monde marche sur la tête mais si ça continue, faudra bien que ça s'arrête ou alors où va-t-on ? Enfin. Je dis ça, je dis rien, mais je n'en pense pas moins et je connais mon opinion. Ça me dégoûte. Deux heures et demie déjà que je me gèle les fesses – je suis pas vulgaire mais il y a des jours qui sont vraiment bordel de merde ! On dira ce qu'on veut, la liberté des uns finit là où s'arrêtent les trains, ce n'est pourtant pas difficile à comprendre. À croire qu'ils ont juré de me pourrir la vie jusqu'au dernier moment, ah oui elle a bon dos leur solidarité ! Tout ça c'est du pipeau. Quand je pense qu'ils osent nous rabattre les oreilles avec leur soi-disant intérêt général… et mon intérêt général à moi alors, qu'est-ce qu'on en fait ? Une litière pour le chat ?

Salopards de grévistes.

Ça vous casserait un ongle, de faire vos petites affaires sans que ça gêne personne ? Fainéants de mes deux si seulement j'en avais, ils se croient tout permis. Mais moi quand je bossais, je n'ai jamais manqué une seule journée – pas même le week-end ou pendant les vacances. Bon. Ce n'était pas facile mais je n'avais pas à me plaindre, la boîte qui m'employait ne l'aurait jamais toléré. Normal. Dans la vie, il y a ceux qui mènent leur barque et ceux qui sont condamnés à ramer, alors dans ces cas-là vaut mieux faire profil bas. Moi ça m'allait très bien et d'ailleurs, j'étais la seule nana à avoir à travail égal le même salaire que les hommes… je crois que mon patron n'avait pas remarqué que je suis une femme. Faut dire aussi que je m'appelle Dominique.

Ça prête à confusion.

À ce propos c'est curieux, mon père vient de m'avouer qu'il avait toujours détesté ce prénom, mais que le jour de ma naissance il avait tout de suite trouvé que ça m'allait comme un gant. Je n'ai pas bien compris ce qu'il voulait dire par là mais dans le doute, j'ai pris ça pour un compliment. Mon pauvre papa. C'est le seul homme sur terre qui m'aime vraiment pour ce que je suis, et ça n'a pas de prix. Mais c'est moche de vieillir. Quand je pense qu'il va sûrement bientôt me faire un AVC, une crise cardiaque ou un cancer, ça me fout le moral à zéro. Ma seule consolation, c'est qu'au moins il échappera à Alzheimer. C'est toujours ça de pris. Parce qu'avec toutes les cochonneries qui pourrissent aujourd'hui la planète, on n'est pas sorti de l'auberge et c'est plutôt mauvais signe. Au royaume des aveugles tout le monde va dans le mur, mais quand la forêt amazonienne sera détruite on respirera quoi ? L'oxygène des poireaux ?

Autant en finir tout de suite tant qu'on a la santé.

Sauf qu'avec ces salopards de grévistes, c'est plus facile de sauver la fonction publique que de passer tranquillement sous un train – et je sais de quoi je parle, depuis le temps que j'attends que le trafic reprenne.

Chienne de vie.

Moi qui avais tellement rêvé du TGV Paris-Venise… et voilà que maintenant, même le TER Bourgoin-Jallieu-Grenoble ne serait pas de refus. On ne peut pas tomber plus bas.

J'ai compris.

Comme d'habitude j'ai encore tout raté, il me reste à rentrer chez moi avec une crève carabinée et toujours aucun avenir – pour le moment, je n'ai même plus de projet de suicide.

Salopards de grévistes.

***Agnès Bihl** est une chanteuse française, auteur de six albums, dont* Rêve général(e) *(2010). Elle a collaboré avec Anne Sylvestre, Yves Jamait et Charles Aznavour. Auteur de deux livres (*36 heures de la vie d'une femme, parce que 24 c'est pas assez *et* La Vie rêvée des autres, *Don Quichotte), Agnès Bihl est avant tout une grande humaniste qui continue de s'émouvoir et qui sait dépeindre une société dont les travers l'indignent autant que les espoirs la soulèvent.*

Résistance-Fer et Ciné-Union présentent...

Presque cent ans de poursuites en bagnole pour en arriver à *Cars*, la dernière franchise à succès Disney : l'histoire d'une voiture de course anthropomorphisée qui brille par ses succès, son arrogance et son égoïsme. Bravo, messieurs.

Je ne dis pas que *Bullitt*, que les *Blues Brothers*, qu'*À bout de souffle*, ou même que *Thelma et Louise*, ou que *Drive*, qu'une scène par-ci, qu'une course par-là...

Je dis juste : le train, au cinéma, c'était quand même autre chose.

Sans remonter à l'entrée du train en gare de La Ciotat filmée par les frères Lumières (1895, quand même), dont la légende (fausse) prétend qu'elle a effrayé les spectateurs.

— *Faites le plein d'eau.*

— *Mais puisque je vous dis que c'est déjà fait !*

Le plus long générique de l'histoire du cinéma dure quatorze minutes, il montre trois hommes qui attendent un train, le train arrive mais personne ne descend. Croient-ils. Un harmonica résonne. C'est Charles Bronson. La musique monte. Il tue les trois hommes. (*Il était une fois dans l'Ouest*, 1968 : le sujet du film est la construction du chemin de fer aux États-Unis.)

— *Il s'appelle Athos. Et toi ?*

— *Camargue.*

Le western a fourni beaucoup de scènes de train, et particulièrement le western-spaghetti : je me souviens de Lee Van Cleef, dans *Et pour quelques dollars de plus*, écoutant patiemment son vis-à-vis lui expliquer que le train dans lequel ils se trouvent ne marquera pas d'arrêt à Tucumcari et quel changement il devra effectuer pour s'y rendre, puis lui répondant calmement :

« Ce train s'arrêtera sûrement à Tucumcari. » (J'ai vérifié, le bled existe.)

— *Il y a mille moyens de les embêter, camarade, mille moyens ! Toi, tu empêches les wagons de sortir de France. Toi, Louis, tu t'occupes du carburant.*

Jack Beauregard, alias Henry Fonda, a récupéré son or mais la Horde sauvage est à ses trousses. Arrive l'instant où il doit faire face à son destin, en la personne de trois cents fils de pute chargeant au galop, au milieu de nulle part. Soudain, un train arrive, conduit par Terence Hill, alias *Mon nom est Personne*. Jack Beauregard se dit qu'il est sauvé. Mais Terence Hill est un fan : il n'est pas venu pour sauver son héros mais pour le faire entrer dans les livres d'histoire. La locomotive recule. La musique démarre, et c'est la *Walkyrie* de Wagner, mais réinterprétée par Ennio Morricone, avec ses sifflements lyriques, ses instruments tordus et ses cris tribaux caractéristiques. Alors Henry Fonda sait qu'il n'a plus d'alternative. Plan large : le train à gauche, la silhouette d'Henry Fonda, qui marche lentement sur les rails pour se recentrer, et au loin, sur la droite de l'écran, la poussière des chevaux. Jack Beauregard ôte sa veste, chausse ses lunettes, s'allonge et se met en position de tir. Les chœurs mélancoliques de Morricone l'accompagnent, et eux seuls.

Autre chose que des voitures qui font badaboum dans *Fast and Furious*.

— *Il dit comme ça : nous vous tendons la main mais, si vous nous tendez le poing, on vous cassera la gueule.*

Je vois Johnny Depp regardant par la fenêtre du train :

dehors, les cow-boys massacrent des troupeaux de bisons, sur la guitare déchirée de Neil Young.

— *Tiens ! Occupe-toi de ça ! Et finis avec la chignole, moi, j'ai autre chose à faire.*

Je vois un jeune Japonais triste se languir de son androïde à émotions différées dans un train roulant vers 2046.

— *Véronèse est un grand peintre.*

Je me souviens d'*Alberto Express* : un père présente à son fils de dix-huit ans l'addition de tout ce qu'il a dépensé pour lui depuis sa naissance et lui laisse douze ans pour le rembourser. La veille de ses trente ans, Alberto saute dans un train pour rejoindre son père et honorer sa dette (léger problème : il n'a pas un rond). Le film est le récit de ses rencontres surréalistes tout au long du trajet, durant lequel il essaie désespérément de rassembler la somme.

— *Ces salauds ! Ils vont quand même passer. C'était pourtant bien combiné…*

Évidemment, je pourrais citer *L'Inconnu du Nord-Express, Le Crime de l'Orient-Express,* et tout un tas de titres avec « express » dedans.

— *Faut faire vite, on n'a plus que quelques minutes.*

Avez-vous remarqué qu'il n'y a plus que dans les *James Bond* qu'on voit de vrais wagons-restaurants ?

— *Allô, poste 7 ? Entrouvrez l'aiguille !*

— *Hein ? Faire dérailler le train ? Mais quel train ? La grue ?*

Dans *Mission impossible I* (celui de De Palma, le meilleur et de loin), Tom Cruise et John Voight (le père d'Angelina Jolie) se bagarrent sur le toit d'un Eurostar lancé à pleine vitesse (sauf qu'ils sont côté anglais à l'époque où la ligne grande vitesse n'était pas encore construite, mais bon.)

On trouve une variante de cette scène avec Hugh Jackman, alias Wolverine, sur le toit du Shinkansen dans *Wolverine, le combat de l'immortel.*

Le même John Voight, décidément, évadé d'une prison en Alaska, la main broyée par un tampon d'attelage, rugit sur le toit d'un train fou (là encore poursuivi par un hélicoptère) dans *Runaway Train* (scénario d'Akira Kurosawa).

Autre chose que l'Austin Mini de Jason Bourne à contresens sur les voies sur berge.

— *Qu'est-ce que tu fais ?*

— *T'occupe pas, c'est pas le moment de rester.*

Je donne la quasi-totalité des *road movies* répertoriés contre *Darjeeling Limited*, de Paul Wes Anderson.

— *Et voilà pourquoi il faut foutre le blindé en l'air, tu comprends ?*

Dans *Snowpiercer*, Chris Evans mène la révolte des prolétaires cantonnés dans les wagons de queue qui partent à l'assaut de la tête du train.

Dans le *Dernier train pour Busan*, des Coréens doivent traverser des wagons remplis de zombies pour rejoindre leurs proches.

Autre chose que *La Coccinelle à Monte-Carlo*.

— *On est jamais sûr de ce qu'on fait.*

— *Mais avec ça on est sûr de faire du bon travail.*

Évidemment, je ne prétends pas être exhaustif, d'autant qu'aux scènes de train il faut ajouter les scènes de gare.

Une image : Al Pacino, couché dans un escalator, essaie d'échapper aux tueurs qui veulent sa peau pour rejoindre le quai où l'attend sa bien-aimée dans un train prêt à partir (*L'Impasse*, encore De Palma, tiens).

Une citation : dans *Les Incorruptibles* (de… De Palma, il y aurait sans doute matière à thèse), Kevin Kostner rejoue la scène du landau d'Eisenstein dans la gare centrale de Chicago. Le landau échappe à la mère et dévale les escaliers, pris dans le feu croisé d'une fusillade. Au ralenti, tant qu'à faire.

Autre chose que *Le Transporteur*, avec ou sans Jason Statham.

— *Mais qu'est-ce qu'ils foutent, les autres, avec leur bazooka ?*

Et puis le train, c'est aussi le visage du conducteur polonais sur l'affiche de *Shoah* rejouant son propre rôle trente ans plus tard, sa tête dépassant de la locomotive comme celle de Gabin dans *La Bête humaine*. (Le jeu des citations est toujours infini.)

— *C'est une histoire regrettable, monsieur l'ingénieur en chef. Une série de malchances et d'interventions de terroristes.*

Je me souviens de ce film belgo-franco-israélo-néerlando-roumain, *Train de vie* : des juifs d'Europe de l'Est essaient d'échapper à la déportation en organisant leur propre convoi.

— *Nous allons gagner du temps, parce que justement il va falloir agir vite, et sur une échelle beaucoup plus vaste.*

La bagnole peut aller n'importe où : trop facile. Le train est sur des rails : c'est la tragédie en marche.

— *C'est toi qui as demandé de faire le 15 heures-16 heures ?*

— *Comment sais-tu que c'est moi qui l'ai demandé ?*

— *Des choses comme ça, moi, je le sais.*

Ce n'est sans doute pas un hasard si le casse du siècle est l'attaque du train postal en Angleterre.

Autre chose que *La Casa de Papel* (mais je digresse).

— *Coupez le courant.*

— *Ils veulent tous nous fusiller !*

— *Remettez le courant.*

Le train est un huis clos qui bouge.

— *Je vais faire croire que les Américains sont au triage.*

***Laurent Binet** est l'auteur de* HHhH *(Goncourt du premier roman 2010 et Prix des lecteurs du Livre de poche 2011) et de* La Septième Fonction du langage *(Prix du roman Fnac et Prix Interallié 2015). Il a été professeur de français pendant dix ans en Seine-Saint-Denis.*

Validez
ici !

Train fantôme

Nous sommes seules dans le train, Mélinée, Rachel et moi. Je crois que c'est un train fantôme. Mes deux filles ont le nez collé à la vitre et elles comptent les poteaux télégraphiques. Une plaine immense s'étale comme une mer pâle devant nous. Une plaine vide et grise, sous un ciel jaune et plat. Le train traverse des paysages de guerre, des lignes de front, j'entends des tirs. La gorge serrée, je dis : rentrez vite les enfants, ne restez pas devant la vitre, allongez-vous sur vos étroites couchettes. Lisez.

La gare de Ljubljana était vide quand nous sommes arrivées pour prendre ce train, le dernier. Nous avons attendu longtemps, assises sur un banc. Soudain, un vieux train venu de nulle part a fait son entrée en gare, précédé d'une antique fumée noire. J'ai pensé à une nouvelle d'un écrivain génial et trop peu lu, Isaac Babel. Il décrit ce genre de quai, en temps de guerre, une étendue de béton déserte et pourtant inquiétante. Sur un banc, deux amoureux.

Nous sommes montées, hissant nos sacs trop lourds, personne pour nous aider. Pas d'amoureux en vue à Ljubljana. Il n'y a que nous : une femme et ses deux petites filles, l'air décidé et pourtant un peu perdu.

Le chef de gare a surgi, il était juste devant notre wagon quand il a donné le signal. Il a soufflé dans son sifflet. Mélinée l'a regardé avec envie, j'ai pensé un instant qu'il allait la laisser souffler à son tour. Cela s'appelle prendre ses désirs pour la réalité.

Il a lui-même fermé les portes de l'extérieur, après m'avoir dit de m'enfermer dans mon compartiment et de n'en plus sortir sous aucun prétexte. Il m'a dit que j'étais folle de voyager ainsi avec des enfants. Deux petites filles.

Il parlait français avec un accent slave ou grec peut-être. Un accent très doux, un peu zozotant, qui contrastait avec sa taille de géant et son regard sévère.

On n'est pas des petites filles, a dit Rachel. C'est nous qui protégeons maman. Nous sommes des gardes du corps.

Le chef de gare n'avait pas l'habitude d'écouter les enfants et ne l'a pas prise en cette occasion.

On ne traverse pas la guerre sans y être obligé, m'a-t-il dit avec hostilité et sans nous regarder. Vous aurez bien mérité les ennuis qui vont vous tomber dessus.

J'ai repensé aux files de fuyards que l'on voit aux actualités, aux familles, aux réfugiés qui marchent en file indienne, la main posée parfois sur une charrette surchargée de ballots, débordant de matelas, de paquets, de casseroles, j'ai pensé à ces regards fixes et épuisés, j'ai pensé à nous.

Le regard jaune du chef de gare était fixé sur une ligne invisible très au-dessous de nos têtes. Le bout de ses chaussures ferrées.

Je lui ai demandé s'il y avait de l'eau dans ce train, il a haussé les épaules. Et puis il s'est éloigné. Et nous nous sommes ébranlés.

Votre grand-père aussi était chef de gare, ai-je dit à mes filles pour leur changer les idées et recouvrer ma dignité. Jamais il ne se serait comporté avec cette indifférence déguisée en menace. Jamais.

Il nous aurait escortées, tu crois ? a demandé Rachel.

Sûrement, a dit Mélinée. J'ai embrassé ses grands yeux noirs inquiets.

Raconte, a-t-elle exigé en tripotant une mèche de longs cheveux bruns mal démêlés.

Elle l'a déjà raconté dix fois, a dit Rachel, un peu méprisante, en soupirant.

Je n'ai pas tenu compte de ce commentaire, j'adore parler de Baruch, de ses pouvoirs magiques et de la gare d'Alès, ancienne ville minière et princesse occitane, où il régna longtemps après avoir ensorcelé les voyageuses de la gare de Cosne-sur-Loire.

Mon grand-père s'appelait Baruch, il se faisait appeler Henri, c'était plus facile à prononcer. Il était très petit, très mince, et extrêmement nerveux. Sa passion, c'était d'hypnotiser les femmes. Elles s'approchaient du guichet, il les endormait et leur ordonnait de faire des choses absurdes à leur réveil.

Quel genre de choses ? demande Mélinée, méfiante.

Je n'ai aucune idée de ce que pouvait bien demander Baruch le séducteur, et ce serait sans doute irracontable, de toute façon, mon imagination est paralysée par la tension qui règne dans ce train vide, qui roule vers nulle part au milieu de tirs fantomatiques.

Je change de sujet, Baruch avait un autre pouvoir, il était sourcier. Pas sorcier, non, mais sourcier. Il prenait une baguette de coudrier, une branche fourchue de cet arbre que nous nommons, nous, noisetier. Il la tenait à deux mains et, si elle se mettait à vibrer, cela signifiait qu'une source se trouvait à proximité.

Je serre les mâchoires, je me souviens soudain que les filles ont soif, mais elles ne disent rien, rêvant aux pouvoirs merveilleux de leur ancêtre.

Nous revenons des sports d'hiver. Je n'y étais jamais allée. Les filles non plus.

Tu verras, ça vous fera du bien de changer d'air, la montagne vous fabrique des globules rouges, m'a-t-on dit au bureau. C'était une occasion tellement bon marché. Qui voudrait aller skier à quelques kilomètres d'une guerre dont nous voyons des images à la télévision, des familles qui marchent en file sur les routes en se tenant à une charrette qui déborde de matelas et de paquets mal ficelés, des gens qui ont le regard fixe, des enfants qui courent et tombent, des femmes qui pleurent et détournent le visage, des hommes sur des brancards ? Tout commence et recommence toujours à Sarajevo, m'a dit Baruch, mon grand-père. Il a été gazé en 1914, c'était là, déjà.

J'ai dit oui au ski. Je n'aime pas tellement sortir de chez moi, mais je n'aime pas tellement non plus y rester.

La Slovénie, ce n'est pas Sarajevo. Ça m'amusait de dire oui, nous sommes allées skier en Slovénie.

Fermez le compartiment à clef, a dit le chef de gare. Ensuite, il a disparu et on ne l'a jamais revu.

Je n'ai pas peur. Pas du tout. Je me le répète. Je déteste la peur. C'est un trait particulièrement obscène de nos vies modernes, cette habitude d'avoir peur par imagination. Mon amie Mona, par exemple, m'a avoué avoir cru un soir qu'il y avait la guerre place de la République. C'était pendant la guerre du Golfe. Ce n'était pas la guerre, c'était une manifestation. Mona n'est pas de Paris. Depuis qu'elle est arrivée, elle a peur souvent, parce qu'elle confond la vie et la télévision. Pas moi. Je ne crois pas.

Et pourtant, dans ce train vide qui file vers l'ouest à travers la plaine immense, des images de cinéma parasitent ma cervelle, j'ai vu tant de films où filaient des trains. Tous ces films se mélangent. Bruits de bottes, bruits de locomotives, sifflets, portes qui coulissent, portières qui claquent. Le train, c'est la liberté, c'est aussi la guerre, c'est aussi la mort.

Ce fut une semaine de vacances étrange. Nous avons logé dans un hôtel immense et stalinien aux couloirs larges comme des avenues, uniformément peints en marron. Nous avons traversé des forêts en chasse-neige, et aperçu des écureuils slovènes. Nous avons mangé de la soupe rouge, rencontré des poètes aux yeux enfoncés qui vénéraient Verlaine, parlé de l'Europe et de fraternité, et maintenant nous rentrons.

La nuit est tombée depuis longtemps. Pourtant les tirs se rapprochent et se font plus fréquents. Le train grince, freine et s'arrête. Mon cœur aussi. On m'avait dit : le train qui va de Ljubljana à Trieste ne s'arrête dans aucune gare, vous ne craignez rien. Absolument rien.

Je soulève un coin de rideau rouge. La nuit est noire et la plaine déserte.

Soudain, on frappe à la porte de notre compartiment.

Ne faites pas de bruit, je murmure aux filles. Quelqu'un frappe encore et essaie d'ouvrir, mon cœur fait des bonds dans ma poitrine et je serre Mélinée contre moi.

Rachel a sorti de je ne sais où son Opinel et elle est toute pâle. Elle l'a ouvert, et j'ai entendu le petit clic du cran d'arrêt.

Quelqu'un frappe de plus en plus fort, à coups de poing, à coups de pied, la porte tient.

Et puis les pas s'éloignent. Le train repart.

C'est solide, ces vieux trains, dis-je pour faire rire mes filles. Mélinée sanglote maintenant. Pourquoi on est là ? J'ai soif, j'ai faim, demande-t-elle. C'est une aventure, lui répond Rachel. Tu n'aimes pas ça, les aventures ?

Pas du tout, bégaie Mélinée, je déteste… Mais elle sourit un peu.

Et elles récitent leur phrase favorite : maman, j'ai faim, je mangerais, je mangerais tout un éléphant !

Tout un éléphant ? demande une voix cassée derrière la porte. Nous nous figeons. Nous sommes serrées les unes contre les autres, mes filles et moi, comme trois petits animaux pris au piège.

Il faut ouvrir, dit Rachel.

Mais le jeune homme qui est entré a l'air plus effrayé que nous. Il est monté au moment de l'arrêt, il fuit. Il faut le cacher. Cachez-moi, s'il vous plaît, cachez-moi, dit-il.

Il faut le cacher, dit Mélinée, convaincue.

Comment cacher une personne dans un compartiment minuscule ? Nous refermons la porte, la verrouillons et faisons un gros nid de couvertures sur la couchette du haut. Il se glisse dessous et je m'accoude à ce monceau bizarre. Zoran est très maigre heureusement, et il respire à peine.

Le train fonce dans la nuit.

Bizarrement, nous avons moins peur, devenues des sauveuses et n'étant plus des proies.

Normalienne et agrégée de lettres, ***Geneviève Brisac*** *collabore depuis dix-huit ans à France-Culture. Elle est l'auteur de* Petite *(1994), et de* Week-end de chasse à la mère *(prix Femina 1996) et de nombreux autres romans. Son nouveau livre,* Le Chagrin d'aimer, *est paru chez Grasset en 2018. Elle a également coécrit le scénario du film* Non ma fille, tu n'iras pas danser, *de Christophe Honoré (2009). Elle est vice-présidente de l'association Bibliothèques sans frontières.*

Avec les cheminots

il est désormais possible de renverser l'opinion
comme un mécanicien de locomotive renverse la vapeur
c'est Bernanos
qui l'a écrit
comme il écrivit *L'Imposture*
car on se fout du monde quand
on prétend que les petites lignes coûtent trop cher
ou que le statut du cheminot serait la cause
d'une dette
abyssale.
c'est pas seulement
pour des tas de souvenirs tendres VIEUX WAGONS
CORAIL TGV avec ou sans compartiments
avec ou sans tabac avec ou sans E PERICOLOSO
SPORGERSI oui dangereux
mais pas interdit de se pencher
à la fenêtre
pour mieux voir
les vaches ou deviner la mer qui se laisse désirer
avec les boggies et les tenders avec
la gare la nuit et le rideau de peupliers au bout
du quai
les michelines les tortillards nos petits

Shikansen. c'est pas seulement
ça mais c'est ça
aussi
et que j'ai longtemps confondu cheminot
                                        et chemineau
béni par Rimbaud et tous les hobos
rien à voir avec la nostalgie
au contraire. juste la poésie. c'est-à-dire
l'avenir. Cendrars
prend le transsibérien qui partait
tous les vendredis matin. « froissis de femmes
et le sifflement de la vapeur et le bruit éternel des roues
en folie dans les ornières du ciel »
puis c'est mon amoureuse
qui m'appelle pour que je voie, de mes yeux, voie
le début de *La Bête humaine*
Gabin à la manœuvre au tout début
de la SNCF
sur la ligne du Havre
avant *La Bataille du rail* avant *Ceux qui m'aiment*
prendront le train avant
le jour où je descendais du train encore en marche
pour te retrouver
à l'autre bout du monde mon amour. SNCF
SNCF SNCF SNCF
qui me remet soudain en mémoire le poème d'Aragon.
j'aime son poème que lui n'aime pas
c'est bizarre
parce qu'il est franc, son poème, il sonne
bien. il ne ment pas. il a pour titre FRONT ROUGE.
évidemment y a des vers
à la noix qu'j'aimerais mieux ne pas.
mais il fait rêver.
et c'est ce qu'on demande

à un poème. en plus, il est plutôt marrant
avec le savon Palmolive le prix des chrysanthèmes
les hirondelles la grève à Berck
le roulement des quatre lettres acronymes
SSSR SSSR SSSR SSSR
comme une chanson d'octobre
ou d'avril pas démodée moitié express moitié omnibus et vu
d'ici bien sûr on peut un peu sourire
à force j'entends
SNCF SNCF SNCF SNCF
et tout ça fait
qu'on s'méfie des sociétés anonymes
des dividendes et des fiâsses qu'ont pas de cœur
qui font les fiers-à-bras
les arrogants
les rogues.
et Ricœur dans tout ça ?
il se retourne dans sa tombe Ricœur
ou il rigole
en tout cas il ressasse que l'estime de l'autre
comme soi-même est équivalent à l'estime de soi-même comme
un autre. et s'il rit, il rit
jaune de voir comment les mots
sont vidés de leur sens par ceux qui réduisent
la politique à
la pédagogie et le social
au sociétal ceux qui ne comprennent ni l'Histoire ni
l'ironie ni la gouaille.
concurrence concurrence est-ce que j'ai une gueule
de concurrence.
ceux qui ne comprennent ni la douceur des choses
ni le dur.
SNCF SNCF SNCF SNCF
la foule reprend en chœur le refrain

et le vent souffle toujours dans les branches de sassafras.
« crains qu'un jour un train ne t'émeuve plus »
Apollinaire bat le tambour
et allume des fusées
rouges comme des grappes de raisin
il ajoute que nous n'aimons pas assez la joie
le titre du poème, c'est LA VICTOIRE.

***Bernard Chambaz**, né en 1949, s'est souvent penché à la fenêtre du wagon, a longtemps enseigné l'histoire avec bonheur, n'a pas oublié Pierre Sémard, a publié l'an passé* 17 *(Éditions du Seuil), ressort ces jours-ci, en format-passeport,* 10 juin 1968. Suite pour Gilles Tautin *(Créaphis).*

Le parfum des trains en noir

Premier wagon

Il y a un quart de siècle maintenant, c'était hier, je rendais visite au photographe Willy Ronis et, comme chaque fois, nous avons bavardé en feuilletant le contenu des boîtes où il range ses archives classées par thèmes. Soudain, Belleville est apparu, dans ses habits de brume des années cinquante. Un escalier, la flèche d'une église, une grille, et derrière une locomotive Pacific posée sur un nuage blanc. Un vestige de la ligne de la petite ceinture, aujourd'hui abandonnée.

« Tu sais, m'a-t-il dit, j'ai fait le dernier tour de Paris en traction vapeur il y a quelques années... C'était organisé par une association de mordus du rail... »

Il a froncé les sourcils en me voyant sourire.

« Ce n'est pas drôle... Pourquoi ça te fait rire ?

— Tout simplement parce que j'y étais aussi. Je faisais partie du voyage. On s'est rencontrés dans le même wagon, sans le savoir, deux ans avant de faire connaissance. Le fil du hasard ! »

Si j'étais là, sur la petite ceinture, c'est que le sang noir du monde ferroviaire coule dans mes veines. Par tradition familiale. Comme Jean-Bernard Pouy, comme Gérard Mordillat, comme Jean-Marie Laclavetine. Moi, c'est un grand-père dont la seule photo de jeunesse en ma possession le représente au travail, sur le ballast, devant la gare de Fléac-sur-Seugne, en Charente-Maritime, avant qu'il ne monte à Paris aux commandes d'une machine. Sa machine. Je ne l'ai jamais vu sur le marchepied, les lunettes rondes relevées sur le front, le visage en sueur, en suie, mais il garde éternellement, dans mon souvenir, les traits de Jean Gabin accoudé à la portière rivetée de *La Bête humaine*. C'est sûrement la filiation qui explique que je ne me sente pas visé, mais au contraire plutôt flatté, quand on évoque devant moi les « romans de gare ». C'est que le roman noir (la couleur du charbon) ne parle pas du train-train, il s'intéresse aux convois qui n'arrivent pas à l'heure, aux rencontres sous tension, aux destins qui se trompent d'aiguillage, aux existences qui sortent de leurs rails, aux catastrophes grâce auxquelles on s'aperçoit, enfin, qu'une vie peut en cacher une autre.

Le train est aussi une redoutable école d'humilité pour les écrivains. Il y a quelque temps, installé dans un compartiment filant à grande vitesse vers le sud, j'ai ressenti une bouffée d'orgueil quand l'homme du couple assis face à moi, la quarantaine élégante et sportive, a sorti de sa poche l'un de mes ouvrages. J'ai baissé la tête, à la manière d'un coupable pris en flagrant délit. Puis, la curiosité prenant le dessus, je me suis tourné vers le paysage qui défilait pour tenter de saisir, dans le reflet de la vitre, le visage de l'inconnu, et surtout les réactions que suscitait la lecture de ma prose. Nous arrivions à la hauteur de Saint-Florentin, dans l'Yonne, quand il s'est mis à déchirer le livre pour en détacher les premières pages qu'il avait tendues à sa compagne.

« Je ne sais pas où il veut en venir, mais ce n'est pas trop mal. Tiens, tu as tout le premier chapitre… »

J'ai réprimé difficilement une envie de protester, au nom de mes quinze années passées sur les presses, dans nombre d'imprimeries parisiennes… À quoi bon ? La femme s'est saisie de l'extrait comme s'il s'agissait de la chose la plus naturelle au monde. Elle lisait à peu près au même rythme que lui. Dès qu'elle terminait sa pincée de feuilles, l'homme arrachait à la reliure un autre morceau d'intrigue qu'elle découvrait en léger différé. Le dépeçage s'était poursuivi tout au long de la vallée du Rhône. La tête, les membres inférieurs, les membres supérieurs, le foie, les reins, les viscères… Une autopsie à vif. Je devais descendre à Avignon, mais je n'ai pas trouvé la force d'abandonner mon livre sans assister à son agonie, sans connaître l'épilogue. À l'approche de la gare Saint-Charles, la femme s'est faite plus pressante et elle a obtenu de son compagnon qu'il lui donne les pages une à une, comme pour atteindre le mot « fin » à l'unisson. À l'arrêt du train, ils se sont embrassés, se sont levés sans un mot, sans me prêter le moindre regard, prenant leurs bagages avant de se mêler à la foule. Je suis resté seul dans le compartiment, dont le sol était jonché de mes mots éparpillés, sans trop savoir que penser de ce que je venais de vivre. J'ai traversé la gare Saint-Charles pour aller prendre l'air en haut de l'escalier dominant Marseille, en attendant qu'un train me ramène vers Avignon. L'air était transparent, et je me suis consolé en me disant que ce n'était pas tous les jours qu'un livre était lu par deux personnes à la fois.

Deuxième wagon

Je ne sais si c'est de l'ordre du rituel ou du tic, mais chaque fois que je glisse mon billet dans la fente du composteur avant de remonter le convoi à la recherche de ma voiture, je me mets à répéter rapidement, dix fois d'affilée, quelquefois vingt, ces deux vers glanés dans un poème de Prévert dont j'ai oublié et le corps et le titre :

Le train m'égare
La gare m'étreint…

Peut-être même, clope au bec, son carnet posé près d'un verre à pied sur une table de bistrot, a-t-il écrit : « Le train m'est gare, la gare m'est train », ce qui serait tout à fait dans son genre. Il faudra bien qu'un jour je prenne le temps de ne pas oublier de vérifier.

Je les scande encore, à la manière d'un mantra, imitant le rythme saccadé des boggies, en longeant la rame du TGV comme pour oublier que cette fois je suis seul, que tu n'es pas là contre mon cœur, au moment des adieux, et cela pour la première fois depuis notre rencontre il y a plus d'un demi-siècle. Pendant longtemps, tu es montée avec moi, nous avons partagé le même compartiment, les allées et venues vers le wagon-bar, franchi les soufflets, occupé les mêmes lits mouvants pour des trajets de nuit, vers Venise, vers l'Orient. C'est vers toi que mes mains se tendaient, dès mon réveil. Tu exigeais seulement que je laisse la fenêtre entrouverte. Puis tu t'es lassée de tout ce qui, peu à peu, a terni la magie du voyage, les obligations, les règlements, l'omniprésence des contrôles, des directives de sécurité. Tu aimais la liberté plus que tout, cette manière bien à toi de virevolter, de te perdre dans le vent, à la manouche. On voulait te claquemurer, et tu ne te sentais plus à l'aise dans le compartiment. Cela n'a pas été simple, mais je me suis habitué à ces rapides étreintes sur le quai, mes lèvres t'abandonnant à la dernière minute alors que la porte se refermait en escamotant le marchepied. Cinquante ans de vie commune, quand j'y pense… Je me souviens de notre premier baiser auquel je rêvais depuis des mois, à Chelles, derrière la salle

Albert-Caillou, sous les platanes. Je ne sais pas ce qui m'avait pris, mais je m'étais mis à tousser, une sorte d'irritation, au plus mauvais moment. Honteux, je t'avais laissée là, en plan, et il avait fallu des semaines avant que nos relations se nouent à nouveau. Cinquante ans ! Cela en fait des heures en tête à tête, en bouche à bouche. Des heurts aussi… On s'est fâchés, agacés, lassés, quittés… De ton côté, je ne sais à qui tu t'es donnée, mais je me souviens comme d'une brûlure de mes infidélités. Une blonde surtout, toute en longueur, qui me faisait tourner la tête là-bas, aux Amériques, avant que je ne me rende compte combien ses charmes étaient trafiqués. Je suis revenu, penaud, vers ta chevelure brune, et nous avons trouvé les moyens de demeurer amis-amants, ne pouvant nous passer, moi de ton parfum, de nos affrontements qui me laissaient tremblant, les nerfs à vif, la voix brisée, et toi du contact de mes doigts, de cette chaleur que j'étais le seul à pouvoir t'apporter. Ce qui m'a fait le plus mal, ce sont sûrement les photos. Le prix à payer pour nos plaisirs. Je savais que notre relation était mortifère, je n'ignorais pas davantage que, quand Thanatos sourit à Éros, « les anges froissent leurs ailes dans la boue des dépravations et l'amour ressemble à la guerre »… J'aurais eu la force de les oublier, ces terribles photos, manouche, si tu ne m'en avais pas imposé la vision jour après jour…

Encore dix minutes de battement avant le départ pour Strasbourg. Ils m'ont pris une place en première, voiture deux, place douze, à l'étage d'une rame duplex. Je respire profondément le bon air du matin pour y retrouver ton odeur, mais elle s'est évanouie. Tu me manques plus que jamais. Que faire de ce temps d'avant le coup de sifflet et qui t'était totalement consacré, abandonné ? Je grimpe, désemparé, je pose mon sac de voyage dans le compartiment à bagages puis je viens me placer sur le marchepied, à l'endroit exact où nous attendions ensemble le départ. Sans que j'en aie vraiment conscience, mes mains aux doigts fébriles s'enfouissent dans mes poches de veste, à ta recherche... Mon cœur s'affole de ton absence. Nous formions pourtant un duo dangereux... Je ferme les yeux pour te voir une dernière fois alors que le chef de gare approche le sifflet de ses lèvres. Tu es là, tranquille, inutile, posé près d'un livre et d'un CD sur la table de chevet. Toi, mon dernier paquet de Gitanes que, croix de bois croix de fer, je ne finirai jamais.

Troisième wagon

La valise la plus lourde, dans les voyages, est celle, invisible, qui renferme les souvenirs. Jusque dans les rames à air conditionné glissant à la vitesse du son sur le travelling Paris-Marseille, je respire l'odeur d'enfance de la vapeur, mes yeux se protègent des escarbilles, je tangue au rythme des boggies, je recherche l'incertitude des soufflets, j'apprends l'italien de la prudence *e pericoloso...* Les trajets d'une vie n'en font plus qu'un, et tous ceux qui viennent à ma rencontre, dans le couloir, forment la cohorte des miens. Les regards se croisent, s'accrochent, des histoires naissent d'une chapka sur une tête, d'un foulard à damier, des volants d'une jupe, d'un paquet que l'on hisse sur l'étagère pour plaire à l'inconnue. Le but du voyage n'est pas seulement d'arriver à destination, la traversée des paysages, ce n'est pas du temps aboli ni une parenthèse dans la vie. L'œil aux aguets au travers des vitres des compartiments, dans le champ clos mouvant du wagon, on espère tous l'aventure, comme si le convoi pouvait échapper à la malédiction parallèle des rails et prendre les chemins buissonniers. Les paupières s'alourdissent pour protéger les rêves. J'imagine que le grand mécano ferroviaire, les hommes juchés sur les caténaires après l'orage, les aiguilleurs au geste sûr, les ouvriers des voies bravant l'intempérie, les bâtisseurs de viaducs, de verrières, les conducteurs aux yeux écarquillés, j'imagine que tout ce monde s'est simplement rassemblé pour que nous partagions cela, ce sentiment que chaque départ peut changer l'histoire, que dans ces moments suspendus tout redevient possible.

Didier Daeninckx*, petit-fils de cheminot, s'est lancé dans le roman noir, la couleur du charbon, il y a trente-cinq ans. Amateur de romans de gare, il vient de publier* Artana ! Artana ! *chez Gallimard.*

Gare de l'Est
Ils partaient pour la Grande Guerre

En cet après-midi de juillet où il faisait très beau, Noureddine Benkemla aperçut, en entrant dans la gare de l'Est, de grandes photographies en noir et blanc accrochées dans les halls et sur les grilles de l'extérieur. Son TGV pour Saint-Dié-des-Vosges partait dans une petite heure. Il avait du temps devant lui. En regardant ces photographies consacrées à la Grande Guerre, il pensa soudain à son arrière-grand-père maternel, Miloud el-Zmali, venu ici en août 1914. Sa mère lui avait dit que, pour la première fois de sa vie, il avait pris le bateau à Oran, puis le train à Marseille.

Noureddine l'imaginait, perdu et presque hébété, au cœur d'une des plus belles villes de la planète, où l'affreuse guerre s'apprêtait à exiger, comme à son habitude, son poids de chair, de sang et de larmes. Il avait lu dans les livres et les revues d'histoire que, sous le ciel bleu et dans la lumière de l'été, le temps était à l'enthousiasme. On sentait dans la ville la fièvre des départs, l'effervescence des hommes et des rues, l'attirance pour l'aventure, le désir de découvrir d'autres paysages, d'autres lieux, surtout ceux de la capitale. Ces jours-là, une ambiance joyeuse et une énergie contagieuse s'étaient emparées du parvis de la gare, des boulevards Magenta et Sébastopol, des halls et des quais des quatre voies avant que les trains surchargés ne quittent la capitale pour le front est.

Était-ce en souvenir de Miloud el-Zmali que, sur les six grandes gares que compte Paris, celle de l'Est le touchait plus particulièrement ? Si la gare du Nord, assise à deux pas de là, lui paraissait comme une femme bien en chair et au giron accueillant, le visage de sa voisine lui semblait, parfois, recouvert d'une ombre de tristesse et de gravité. Elle lui rappelait *Les Vieilles Maisons*, de Sully Prudhomme, un poème qu'il avait appris au lycée et dont il ne se souvenait que ces quatre vers :

Je n'aime pas les maisons neuves ;
Leur visage est indifférent ;
Les anciennes ont l'air de veuves
Qui se souviennent en pleurant.

Noureddine savait que les pierres avaient une mémoire. Celles de la gare de l'Est avaient sans doute gardé les traces du désastre de 1870 et, surtout, de l'hécatombe de 14-18. Pourtant, elle était faite pour l'évasion, pour le progrès, pour la paix et, pendant longtemps, elle avait été considérée comme la plus élégante du monde pour ses formes et ses capacités techniques. C'est ici qu'avait eu lieu, en 1883, le premier départ du prestigieux Orient-Express vers Constantinople.

Combien de ces civils, de ces mobilisés transformés du jour au lendemain en soldats ont-ils remarqué, dans le hall d'Alsace, la petite plaque en cuivre octogonale fixée sur le sol et ornée d'une locomotive en plein élan ? Combien d'entre eux savaient-ils lire et pouvaient ainsi apprendre qu'elle indiquait le point kilométrique zéro de la ligne Paris-Strasbourg et l'année de son inauguration, en 1850, par Napoléon III, le premier président de la République française ? Certainement pas son arrière-grand-père, pétrifié dans l'agitation qui l'entourait. Sûrement pas ces « indigènes » comme lui, venus par milliers de l'Afrique du Nord et des colonies. C'était le cas aussi de la plupart des jeunes paysans débarqués de Charente, des Vosges, des Pyrénées, de l'Ardèche ou de Corse. Parlant le plus souvent le patois, ils vivaient dans des zones où l'école n'était pas encore arrivée comme une eau fertile.

Ces jeunes gens, qui allaient revêtir pour la première fois de leur existence l'uniforme bleu horizon, ont-ils eu le temps d'aller voir, dans ce Paris qu'ils ne connaissaient pas, la tour Eiffel, Notre-Dame, le Louvre, la Comédie-Française, le Sacré-Cœur ou l'Arc de triomphe, qui abritera, en 1920, la tombe du Soldat inconnu ? Ornée d'une flamme vivante et inextinguible, elle représenterait tous les soldats tués au cours de cette « Der des Ders » qu'ils s'apprêtaient à faire, la fleur au fusil et le sourire aux lèvres. Un Paris qu'ils avaient souvent rêvé de visiter comme ils avaient rêvé de prendre le métro inauguré quatorze ans plus tôt, d'arpenter d'un pas tranquille les berges de la Seine ou les grandes avenues, comme celle des Champs-Élysées. C'est vrai, ces futurs poilus, dont le dernier mourra en 2008, n'étaient pas là pour faire du tourisme, pour pousser la porte des restaurants, des beaux magasins, des salles de spectacles, des cabarets ou des bordels. Au bout du voyage qui devait être pour beaucoup à sens unique, les champs n'avaient rien de céleste. Ils les attendaient avec leur boue, leurs tranchées, leurs cauchemars et leurs ténèbres. Ceux qui reviendraient dans la Ville Lumière seraient au mieux en permission, au pire étendus sur des brancards.

Un siècle plus tard, comme des fantômes, les visages de quelques-uns des survivants avaient réapparu dans cette gare à travers cette exposition organisée à l'occasion de la commémoration du centenaire de la Première Guerre mondiale[1].

1. 80 grands formats de Didier Pazery, gare de l'Est, juin-novembre 2014.

Elle réunissait aussi les paroles des anciens combattants de différentes origines.

Ces traces, ces empreintes émouvantes montraient l'horreur d'un conflit où furent, pour la première fois dans l'histoire, utilisés les bombardements aériens et les gaz toxiques. En seulement quatre années, il provoqua la mort de 10 millions de soldats et celle de plus de 10 millions de victimes civiles, dont un bon nombre à cause des famines et des épidémies qu'il avait engendrées.

Parmi les témoignages écrits qui accompagnaient les photos, Noureddine lut celui de Saci Ben Hocine Mahdi, né en 1898, à Bejaïa. Mobilisé dans le 1er régiment de tirailleurs algériens de Blida, il disait ces mots à méditer en cette époque d'intolérance et du rejet de l'autre : « ... On supportait une vie en commun qui, forcément, était appelée à être dure. Les hommes de troupes comme les officiers partageaient les repas ensemble. On partageait les corvées, les privations, on se préparait à souffrir. Alors entre catholiques, musulmans ou juifs, je n'ai été témoin d'aucune haine. C'est l'esprit de corps qui dominait. On nous laissait pratiquer nos rites comme on le voulait. Le régiment célébrait les camarades qui mouraient au feu, quelle que soit leur confession. »

Noureddine aimait ces grands paquebots en pierre avec leurs armatures, leurs verrières, leurs lumières et leurs piliers ouvragés que sont les gares anciennes. Elles ne prennent pas la mer mais ont, hélas et à leur corps défendant, conduit aux champs de bataille, aux cimetières, aux fosses communes et aux hôpitaux. Il aimait aussi ces vieilles dames pour les voyages qu'elles offrent à la mémoire intérieure et pour les leçons qu'elles pourraient aujourd'hui nous enseigner.

Il a également publié *14, visages et vestiges de la Grande Guerre* (Michalon, 2014).

Dans le TGV qui l'emmenait à Saint-Dié-des-Vosges, il continuait à penser à Miloud el-Zmali, qui était, sans avoir rien vu peut-être de la Ville Lumière, revenu de Verdun avec une jambe en moins et des cauchemars en plus.

***Abdelkader Djemaï** est l'auteur d'une vingtaine de romans, de récits et de livres de voyage, publiés notamment au Seuil et en éditions de poche. Il a écrit, entre autres,* Gare du Nord *(Éditions du Seuil, 2003) et* Le Jour où Pelé *(Castor Astral, 2018).*

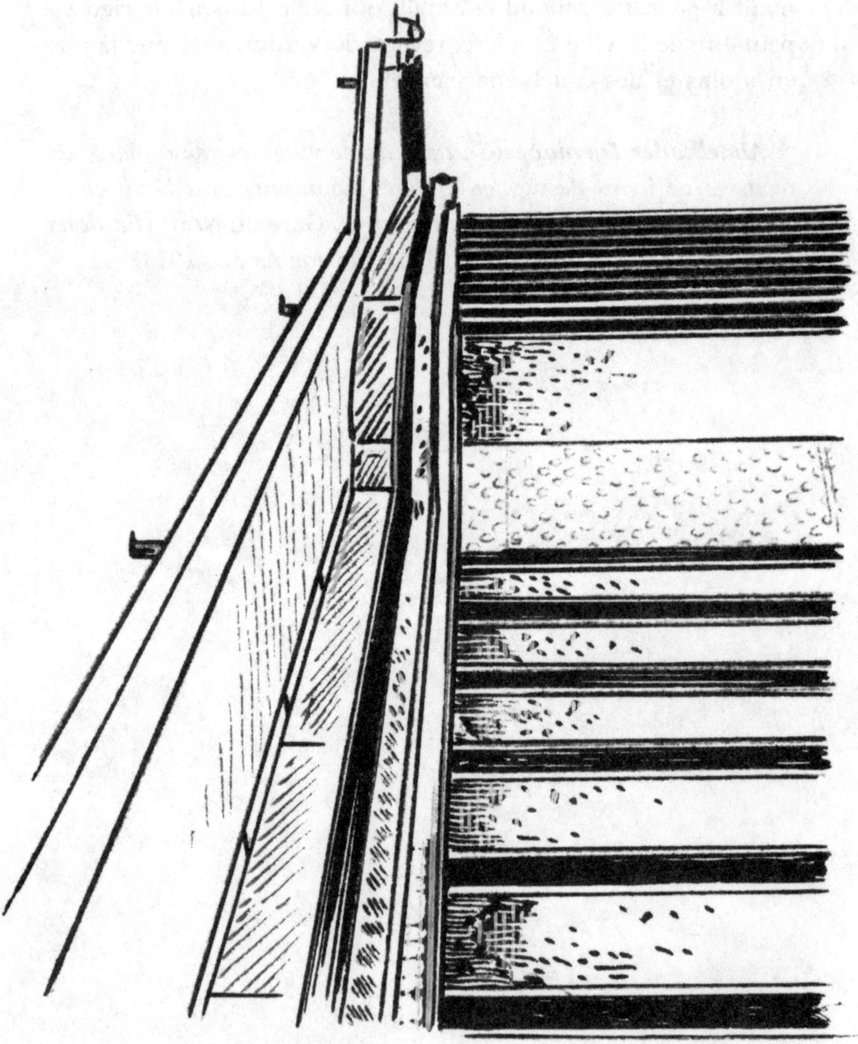

Un landau cuirassé

À Marcel Jomain, cheminot d'Oullins,
et Jeanne Jomain, sa femme.
À Marianne Cohn,
et à tous les résistants qui firent passer la frontière suisse
aux enfants juifs, et leur sauvèrent la vie.

Ça grince, ça chouine, ça grippe. Je cogne plus dur. Il n'est pas dit que cette machine me résistera longtemps. Et puis cogner, ça me fait du bien. Toute ma rage accumulée, cette rage impuissante et désordonnée, trouve là un exutoire. Je regarde ma main, celle qui a été bousillée par une masse, celle qui pendouillait lamentablement, pauvre petite chose inerte et moche, quand les Boches nous passaient en revue pour désigner les plus vaillants d'entre nous au STO. Je crache par terre de dégoût. Même avec ses moignons de doigts, ma main est agile et il n'y en a pas deux comme moi pour dégripper les essieux d'une loco. Mais les Allemands n'y avaient vu que du feu. Je n'avais pas fait partie de la liste des trente-sept. D'où ils les avaient pêchés, d'ailleurs, leurs trente-sept noms ? Est-ce que c'était Hébert, notre chef d'atelier, aussi trouillard que zélé, qui les leur avait fournis ? Ils en savaient, des choses, sur chacun de nous. Soupçonné d'avoir arraché des affiches de l'occupant, hop, désigné STO. Soupçonné d'avoir trafiqué sur le poids réglementaire autorisé de farine, hop, désigné STO. Et même soupçonné d'adultère, hop au STO. Ma main-limace m'avait peut-être sauvé… C'est peu dire que je ne voulais pas y aller, moi, en Allemagne. J'avais déjà été bien content d'échapper à la mobilisation. On n'envoie pas au front des infirmes. L'infirme avait pu rester auprès de sa Jeannette, et ça tombait rudement bien, parce que Monique n'avait que deux ans quand on nous a plongés dans cet enfer.

« Bon Dieu, Marius, qu'est-ce que tu fous ce matin ? Tu rêves ! » Le ton est bourru mais protecteur. Paulo veille toujours au grain, un super chef d'équipe. Des fois, on le blague, on se met tous à caqueter autour de lui pour moquer son côté mère poule. Il bougonne un peu plus ; au fond ça lui plaît bien. Mais, en octobre 1942, quand on a déclenché la grande grève pour protester contre la liste des trente-sept réquisitionnés, il n'était pas content, Paulo. Pas content du tout. Moi, j'ai adoré au contraire. Pensez donc, les trois mille cheminots des ateliers d'Oullins qui débrayent au nez et à la barbe de la Gestapo, ça avait de l'allure, non ? C'est plus tard que j'ai compris pourquoi il pestait, Paulo, ce jour-là, bien plus tard.

Je n'ai aucun goût pour la clandestinité. Vivre caché, sous un faux nom, entre deux planques, avec la peur permanente d'être arrêtée et confondue, non, vraiment, ce n'était pas mon désir. Mais il a bien fallu. À la naissance, c'est comme si tu montais dans un train : une petite gare dans la lumière du matin, un billet pour la vie, une destination que tes parents ont choisie pour toi, et ça roule, ça roule, ça roule… Jusqu'au jour où un drame fait irruption dans ton existence. Un sabotage, une erreur d'aiguillage, et te voilà partie sur une autre voie. Du jour au lendemain, il t'a fallu quitter le pays où tu es née. Papa qui a perdu son poste à l'université de Mannheim parce que certains métiers étaient devenus interdits aux juifs. Maman que les voisines regardaient de travers, comme s'il était écrit Jude *sur son front. Le départ pour la France quand Hitler est arrivé au pouvoir – je n'avais pas douze ans mais je m'en souviens – le train pour l'Espagne peu de temps après, et la longue marche pour franchir les Pyrénées dans l'autre sens, trois ans plus tard, quand Franco a jeté sur les routes des centaines de milliers de gens. Pris en tenaille entre Hitler et Franco, les juifs de la famille Cohn ! La France comme souricière ! Mais ça va aller, ça va aller… D'ailleurs, qui a dit que je m'appelais Cohn ? Pour tout le monde ici, dans la Résistance, mon nom, c'est Colin – MARIANNE COLIN. La petite échelle de mon nom, le H, devenu LI, par suppression du barreau central, ce marchepied qui mène à ma véritable identité. Ni vu ni connu. À la barbe des SS et de la milice, en plus !*

Il n'empêche qu'aujourd'hui mon cœur cavale un peu trop fort dans ma poitrine. Prendre le train pour descendre dans la Drôme, avec la certitude d'être contrôlée plusieurs fois. Aller chercher des instructions pour préparer le prochain passage clandestin d'enfants vers la Suisse. Aller et revenir pour brouiller les pistes. Faire comme si j'étais une simple monitrice de colonie de vacances, occupée à préparer un camp. Et hop ! quand personne ne s'y attend, récupérer les enfants et les accompagner jusqu'à la frontière du côté d'Annemasse. Passer la main dans leurs cheveux, et… Mais pourquoi le train s'arrête-t-il soudain en pleine voie ? Que se passe-t-il ? De la fenêtre, sur la droite, j'entrevois une petite gare… OULL… Impossible de lire son nom, qui est en partie masqué par un bouquet d'arbres… Du calme, mon cœur, du calme.

On crève de chaud sous cette verrière. Ce matin, les fronts sont crispés. Une tension flotte dans l'air. L'heure n'est plus aux grands trics pleins de panache, ces grèves un rien bravaches, spécialité des ouvriers lyonnais. À la pause, personne ne blague. Le quignon de pain est dur et amer. Hier, Auguste a été arrêté par les petites frappes de Gueule tordue. Enfermé au fort de Montluc, il a été livré par ces salopards de miliciens au boucher de Lyon. « Il aurait mieux fait de filer dans l'Azergues », crache soudain Jules. « Tais-toi, on nous écoute », intime Paulo. Hébert vient d'entrer dans l'atelier surchauffé. Il n'est pas seul. Derrière lui, imperméable et chapeau mou, je reconnais Gueule tordue. Je dis : je reconnais, parce que c'était mon pote quand nous étions mômes. L'été, j'allais chez ma grand-mère à Romans. Elle travaillait dans une usine de chaussures, levée tôt, rentrée tard. J'étais libre comme l'air. Je passais mes journées avec le fils de la voisine, Francis, un garnement un peu plus âgé que moi. Il était né avec une horrible malformation qui lui tordait la bouche en un méchant rictus. Il m'impressionnait. Surtout lorsqu'il dénichait les oiseaux et leur brisait le cou avant de les précipiter au pied de l'arbre en riant. Il m'impressionnait, mais je ne le quittais pas d'une semelle. Et puis ma grand-mère est morte et je n'ai plus jamais croisé Francis. Sauf en voyant sa sale gueule affichée dans le journal, derrière Paul Touvier, le chef des collabos d'ici, et Klaus Barbie.

« 'L'a pas chaud, le type, avec son imper… » Jules ne fait rire personne. Je vois Paulo qui le guette du coin de l'œil. Des fois qu'il lui prendrait l'idée de courir déclencher la sirène ou autres fantaisies dont nous avons la spécialité ici. Moi, c'est Hébert que je ne quitte pas des yeux. Je revois sa mine rouge et affolée, le 14 juillet de l'an dernier, lorsqu'il est entré dans l'atelier et qu'il a découvert tous les fanions tricolores dont nous avions décoré les machines. Cette fois, son regard est ferme, presque arrogant. La force est de son côté. Tandis que les miliciens se déploient dans l'atelier, la sueur me coule dans le dos. « S'ils fouillent les casiers, tu es mort, murmure Paulo entre ses dents. On va faire diversion, il faut que tu files les mettre à l'abri. » Ça fait cent fois que Paulo me dit de prendre moins de risques. Je n'ai pas le temps de lui expliquer que tout est réglé, déjà quelqu'un se met à siffler *La Marseillaise*. Aussitôt reprise par un autre, puis un autre. En un instant, des centaines de bouches sifflent *La Marseillaise*. Les miliciens s'affolent, éructent. Gueule tordue hurle qu'on se taise. Mais la musique enfle, monte. On ne fait pas taire des centaines de cheminots comme ça. Profitant de l'agitation, je tente de me faufiler jusqu'aux vestiaires. Un cri m'atteint en plein dos, comme une balle perdue : « Hé ! Toi, là-bas ! Où tu vas ?! »

Dans un cahot, le train s'ébranle à nouveau, effaçant lentement le rideau des arbres. Coups de sifflet. Grincements d'essieux. Nouvel arrêt. La gare est là, plus imposante que je ne l'avais cru d'abord :

·OULLINS·

Ne pas céder à la peur, Marianne. Rester calme. Souviens-toi des instructions de Mola, le jour où il a expliqué comment se comporter en pareille situation. « Rien ne doit trahir votre inquiétude. Évitez de regarder de droite et de gauche. N'essuyez pas vos mains moites sur votre pantalon ou votre jupe. Respirez lentement en pensant à autre chose. Et si ça tourne au vinaigre… Parfois, il vaut mieux se faire abattre après avoir détalé que de se faire attraper. »

Des vociférations montent du quai. Ordres. Contrordres. Ma chance, c'est de parler allemand aussi bien qu'eux et de comprendre rapidement ce qui se trame. Mais là, avec cet arrêt imprévu en gare d'Oullins, cette fébrilité sur le quai, ces va-et-vient qui font monter la tension d'un cran. Ma carte d'identité ? Elle est là, dans la poche de ma chemise, avec son nom aux consonances bien françaises. Mon Ausweis *? Il est là aussi, avec son faux tampon* *de la* Kommandantur *et son air de ne pas y toucher qui abusera plus facilement un officier presbyte qu'un fin limier.*

Bon sang, c'est rude ! Les voilà qui montent dans le train. Qui contrôlent un à un les passagers. Doucement, trésor. Respire. Calme-toi. Derrière mes petites lunettes rondes, les larmes ne sont pas loin. Et vous, mes mains, restez tranquilles. Ce n'est rien. Un simple orage dans une journée radieuse. Juste un mauvais moment à passer. Dans cinq minutes, ils seront devant moi. À ce moment-là, je ne maîtriserai plus rien. Et si je me retrouvais, comme l'été dernier, arrêtée et emprisonnée ? Les interrogatoires qui n'en finissent pas. Les questions. Les insinuations qu'on feint de ne pas comprendre. Les coups. Les menaces. La peur du viol et de la torture. Ah, ça non, je n'ai pas parlé l'été dernier quand ils m'ont chopée ! Et, quand ils m'ont demandé si je connaissais le MJS, le Mouvement des jeunesses sionistes, j'ai répondu naïvement : « Sion ? Oui, je connais Sion, c'est une ville du Valais, en Suisse. Un cousin de ma mère travaillait là-bas avant la guerre, comme ouvrier agricole. »

Les voilà maintenant qui atteignent le wagon où je me trouve. Trente mètres. Trois minutes, pas plus. Mais que se passe-t-il ? Pourquoi reviennent-ils en arrière ? Aucun d'eux ne regarde pour l'instant dans ma direction et il n'y a personne de l'autre côté du wagon. La voie est libre. Allez, file ! Sors de ce train ! Là, en vitesse. Fais comme si tu allais aux toilettes, ne te retourne pas, oui, c'est ça, six mètres à franchir, quatre, trois, deux, ouvre la porte, glisse-toi hors du train, pose ton pied sur le quai, là, là, calmement. Voilà, ma fille. Tu es sauvée…

« Hé ! Toi, là-bas ! Où tu vas ? »

« Moi, m'sieur ? Pardon, mais j'ai trop b'soin d'y aller… » J'ai répondu en mettant mes mains devant mon pantalon et en accompagnant mon geste d'une mimique expressive. Quand j'étais gone, il paraît que j'étais super fort pour jouer la comédie.

C'est le moment ou jamais de m'en souvenir… Gueule tordue me fixe. Fait mine de ne pas me reconnaître. À moins qu'il ne me reconnaisse vraiment pas. Je me tortille bêtement d'un pied sur l'autre pour montrer que ça urge. Mais déjà les charognards ne s'intéressent plus à moi. Hébert vient de pointer un doigt accusateur en direction de Paulo. Des miliciens s'approchent de lui. Les flingues sont tournés vers nous. Pas question de continuer à faire le mariole. Hébert désigne d'autres camarades du doigt. « Lui, lui et lui. » Ceux qui réclamaient des rations supplémentaires pour les cheminots qui travaillaient plus de soixante heures par semaine, ceux qui gueulaient pour qu'on nous installe des douches ou qu'on nous octroie du savon ou du pain, ceux qui lui tenaient tête, tout simplement. Et aussi ceux dont la gueule ne lui revenait pas. « Lui, lui et lui. » Son jour de gloire est arrivé, à cette crevure d'Hébert.

J'ai bien l'impression que son doigt me désigne aussi. Je ne sais pas, je ne sais plus. Toujours est-il que Gueule tordue n'a pas envoyé, d'un coup de menton sec, ses sbires m'attraper.

Les chiens se ruent au vestiaire, je peux aller pisser tranquille. Ce n'est pas la première fois que nous sommes passés à la fouille. Après le sabotage du 21 avril, quand on a fait exploser le transfo principal, les Boches ne nous ont plus lâchés. Les ateliers étaient restés deux jours privés d'électricité, et comme ce n'était pas le premier, ça les mettait sur les dents. Et sur qui il passait sa colère, le SS en chef ? Sur notre chef à nous, sur Hébert, qu'il accusait de laisser circuler de la dynamite dans son atelier comme circuleraient des écrous ou des boutons de culotte. « Ne le provoquez pas », conseillait toujours Paulo à propos d'Hébert. Moi, c'est plus fort que moi, les chefaillons, je ne les aime pas. Mais j'essayais d'écouter Paulo. Je savais bien que, pour lui, une grue ou une loco toute neuve détruite, c'était mille fois plus efficace que d'asticoter le chef ou de mener des provocs patriotiques.

« Lui, lui et lui. » Hébert n'en finit pas de se débarrasser des fortes têtes. Je croise le regard anxieux de Paulo. Bon Dieu, pense-t-il, il ne faut surtout pas qu'ils ouvrent mon casier. Alors, il a pris son élan, pour faire diversion, pour s'enfuir. Et puis son pied a trébuché. Et puis une rafale de mitraillette a déchiré l'air.

Un officier allemand. Je devais m'y attendre. Il m'a vue descendre du train et ne m'a pas laissé le temps de rejoindre la gare. Jude ? *Non, il n'a pas dit* « Jude ». *Il a simplement dit : « Hé ! Toi, là-bas ! Où tu vas ? » C'est étrange, debout, comme cela, sur le quai, je me sens moins vulnérable qu'assise dans le wagon. Malgré l'arme qu'il pointe dans ma direction. Malgré les bottes qui se rapprochent. Quand il arrivera à ma hauteur, je ne serai plus allemande, je ne serai plus juive, je ne serai plus qu'une petite Française qui s'occupe d'enfants français que l'on emmène à la campagne parce que leurs parents sont morts. En général, ça passe. On me regarde, sourcilleux, et comme je reste calme, souriante, presque rassurante… Mais cette fois les choses pourraient bien tourner à la catastrophe. Je sens qu'il se passe quelque chose dans cette gare. Une rumeur monte des ateliers que l'on aperçoit au loin, au bout du quai. La Gestapo qui tourne autour du bâtiment… Ces types en chemise kaki, béret vissé sur le côté gauche… Cette impression que quelque chose va se produire, comme l'instant qui précède un coup de grisou.*

« Vos papiers. Vite ! »

L'officier est à ma hauteur, fusil pointé contre ma poitrine. Je montre la petite poche de ma chemise. Derrière lui, au bout du quai, la tension ne cesse de monter. Sans me lâcher du regard, l'officier fait un quart de tour pour tenter de surveiller la scène qui se déroule aux abords des ateliers. Je sors ma carte d'identité. Marianne Colin, oui, c'est moi. Oullins ? Oui, je devais justement me rendre à Oullins cet après-midi. Alors comme le train s'est arrêté... Je n'ai pas le temps de finir mes explications. Un cri vient de retentir, aussitôt suivi par une rafale d'arme automatique. Je n'existe plus. Du moins pour l'officier qui vient de tourner les talons et se dirige à grands pas vers les ateliers.

Ça s'était répandu comme une traînée de poudre. Une descente de la milice aux ateliers machine. Quand nous sommes sortis, livides, nos familles se tenaient massées aux grilles, en silence. J'étais groggy. Si j'avais eu le temps de parler à Paulo... Jeannette est là, tenant Monique par la main et, de l'autre main, le landau dans lequel Josiane dort. Elle a accouru, aussi vite qu'elle a pu, emmenant les filles avec elle. Je m'approche d'un pas hésitant. Les tractions avant noires des miliciens démarrent en trombe, emportant les camarades arrêtés et le corps de Paulo. La petite Monique ne me salue pas, ne me regarde pas. J'esquisse un pauvre sourire devant son visage résolument tourné ailleurs. Combien de fois lui ai-je répété : « Si tu me vois dans la rue, tu ne me dis pas bonjour, tu as bien compris, pas bonjour ? » Elle ne sait pas pourquoi, mais elle obéit. J'empoigne le landau d'une main ferme. Nous éloigner d'ici le plus rapidement possible. Vite.

Tout est allé si vite. L'officier qui m'interpelle lorsque je descends du wagon. La fièvre qui monte des ateliers. Le contrôle d'identité. Le cri. La rafale. Puis cet étrange sentiment de se retrouver seule, vivante, au milieu du chaos. L'homme abattu qui me sauve la vie sans le savoir. La peur qui a soudain changé de camp lorsque l'officier m'a abandonnée pour rejoindre les ateliers, accompagné par les hommes de la milice. Le hall de la gare que je traverse sans que quiconque s'intéresse à moi.

Maintenant, je suis là, dans le chamboulement d'une situation que personne ne semble vraiment maîtriser. Que font ces femmes et ces enfants que j'entrevois derrière les grilles qui entourent les ateliers ? Et ce couple avec une petite fille qui avance dans ma direction en poussant un landau ? Comprendre, Marianne... Comprendre ce qui se joue ici et maintenant, tandis que cris et interpellations se poursuivent au loin, que des voitures noires démarrent en trombe, que la folie semble s'être emparée de la gare d'Oullins. Il y a ce landau qui avance vers moi, presque irréel dans l'odeur de poudre et le fracas des machines. Cette petite fille qui ressemble tellement aux enfants juifs que j'ai fait passer en Suisse la semaine dernière. Ce couple qui semble jouer son existence dans le mouvement qui les rapproche de moi. Et surtout le regard. Le regard que cet homme vient de m'adresser, sans lâcher le landau qu'il pousse d'une main. Une supplique muette. Une énigme à déchiffrer en deux secondes. Comme lorsque je prends le train avec mes trente gamins juifs et que le contrôleur feint de croire que je les emmène en colonie de vacances à la montagne.

Tout va si vite. La Gestapo à dix pas. Et le couple qui avance vers moi, le landau glissant sur la chaussée comme un radeau de naufragés.

Nous nous éloignons de l'atelier sans échanger un mot. Pour rentrer chez nous, il nous faut longer la gare d'Oullins. Devant la gare, une très jeune femme portant de petites lunettes cerclées semble attendre quelqu'un. Quelqu'un qui ne vient pas.

« Mais dis-moi, s'ils l'avaient fouillé, ton casier, ils les auraient trouvés, ces documents... Qu'est-ce qui serait arrivé ?

— Rien. C'est ce que je n'ai pas eu le temps de dire
sont bien planqués, là où ils ne viendront jamais les

Nouveaux bruits de bottes. Autres vociférations. Sur le quai, les Allemands font maintenant descendre les passagers du train, les mains croisées derrière la nuque. Dans un instant, ils traverseront la gare et parviendront à ma hauteur. À moins que… Mais oui ! D'un pas décidé, je franchis les cinquante mètres qui me séparent du couple dont les silhouettes se noient dans la lumière. L'homme et la femme ne me regardent plus. Ils ont compris. Quand je saisis le landau, leurs mains se sont déjà détachées de la poignée. Ils disparaissent, tandis que l'eau des rues s'ouvre sur mon passage.

Elle est épatante, ma femme. La gorge nouée, Jeannette laisse l'inconnue emporter le landau loin de la mort promise. Les Allemands sortent de la gare en vociférant. Ils n'accordent pas un regard à ce couple qui promène sa petite fille, pas plus qu'à cette jeune maman qui pousse le landau de son bébé d'un pas pressé. Jeannette me souffle tout bas : « Je sais que tu ne veux jamais rien me dire, mais tout de même, s'ils ne sont pas dans ton casier, ils sont cachés où, ces plans de sabotage ? » Je suis du regard la jeune femme qui s'éloigne à grands pas. « Tu te souviens quand les camarades avaient organisé une projection de ce film russe, *Le Cuirassé Potemkine* ? Tu te souviens de la scène de l'escalier ? Moi, c'est surtout le landau qui dévale qui m'avait frappé… »

Pour **Bruno Doucey***, poète, romancier et éditeur, le* chemin de fer *est une réalité quotidienne. C'est d'abord la représentation page par page des ouvrages dont il prépare l'édition. C'est aussi le moyen par lequel, d'une ligne à l'autre, il part faire entendre la poésie, cette insurrection du langage, dans toutes les villes de France.*

Le grand-père de **Murielle Szac***, Marcel, était cheminot à Oullins en 39-45. Elle en a hérité une manière de dresser les mots en barricades. Elle aime par-dessus tout le collectif. Romancière, éditrice, journaliste, elle dirige les collections « Ceux qui ont dit non » (Actes Sud junior), « Sur le fil » et « Poés'idéal » (Éditions Bruno Doucey).*

Mémoire du chemin de fer

Dans l'immobilité et le temps suspendu du voyage en train, j'ai tout éprouvé, la douleur, le deuil, l'amour fou, le désir sexuel, la fierté, la révolte.

Les hommes et les femmes du rail nous relient les uns aux autres comme la littérature.

Le 8 mai 1880, à Croisset, Flaubert a pris un bain avant de partir pour la gare de Rouen afin de se rendre à Paris. Il ne prendra jamais le train prévu ; en sortant de la baignoire, il s'écroule et meurt d'une congestion cérébrale.

Une de mes angoisses, c'est de rater le train ; quand ça m'arrive, je suis éperdue de solitude.

Dans un tableau de Daumier, *Le Wagon de troisième classe*, on voit au premier plan deux femmes assises côte à côte sur une banquette. Elles sont habillées de pauvres frusques, l'une, la tête baissée, allaite un enfant, l'autre, les mains jointes sur l'anse d'un panier, a un drôle de sourire grimaçant, un grand regard sombre. Près d'elles, par terre, un garçonnet dort affalé. Au second plan, des têtes de voyageurs pressés les uns contre les autres. Tout exsude la pauvreté et la fatigue, la promiscuité. J'ai vu pour la première fois la reproduction de ce tableau dans un manuel d'histoire, en troisième. Il me dérangeait. Avec mes parents, on voyageait toujours en troisième classe.

Zola, fils d'un ingénieur qui avait participé à la construction du premier chemin de fer européen, écrit, en 1877, à Claude Monet : « Nos artistes doivent trouver la poésie des gares comme leurs pères ont trouvé celle des forêts et des fleuves. » Treize ans plus tard, il écrit *La Bête humaine*, avec comme personnage central Jacques Lantier, conducteur de la Lison, locomotive décrite comme une femme aimée, sur la ligne Paris-Saint-Lazare-Le Havre. En couverture du Livre de poche, il y avait la photo de la figure noircie de Jean Gabin, incarnant Lantier dans le film de Renoir.

Les meilleurs amis de mes parents vivaient dans la cité des Cheminots à Graville, près du Havre. Lui aussi était conducteur de train, un « roulant » trapu et jovial. Je ne lui ai jamais vu la figure noire, seulement d'un rouge vif à cause de la chaleur des machines.

J'ai habité de cinq à dix-huit ans à deux cents mètres de la ligne de chemin de fer Paris-Rouen-Le Havre. La maison en était séparée par des jardins, une rue et, au pied de la voie ferrée, la mare dite « du chemin de fer », qui servait à l'alimentation en eau des locomotives à vapeur. De notre cour, on voyait passer les trains sur la ligne, laquelle à cet endroit surplombe les maisons et la rue. À l'intérieur, on les entendait, surtout les express, un peu moins les autorails et les michelines. Leur passage rythmait le cours de la journée, celui de dix heures moins dix en direction du Havre marquait le signal du coucher.

Un dimanche soir torride de vacances, je regarde avec envie un train plein de voyageurs aux fenêtres qui chantent et crient. C'est celui des gens qui se sont portés en foule à Rouen pour voir le passage du Tour de France et s'en retournent dans la liesse. Plus tard, je saurai qu'il s'agissait du premier Tour depuis la fin de la guerre et que Robic l'avait gagné le jour même.

En 1919, mon père est parti au régiment à Düsseldorf, en Allemagne. Il racontait comme un événement d'avoir pris le train d'Yvetot jusqu'à Saint-Lazare, puis d'avoir traversé Paris jusqu'à la gare de l'Est. Ce n'était peut-être pas la première fois qu'il prenait le train, mais qu'il allait à Paris, oui. À la place de prendre « le train », il disait prendre « le dur » ou « la jument noire ».

Dans le fourre-tout de la mémoire, je retrouve :

la vitre coulissante du compartiment, qu'on pouvait choisir de faire glisser brutalement jusqu'au fond ou d'arrêter à mi-hauteur grâce à une courroie ;

les trains avec des compartiments sans communication les uns avec les autres et dont l'unique porte ouvrait directement sur le quai. C'est pourquoi Julien Green, lycéen, n'avait aucun moyen d'échapper aux assauts des garçons déchaînés qui l'ont violé dans son compartiment, un soir qu'il rentrait chez lui, au Vésinet, comme il le raconte dans *Partir avant le jour* ;

sous les fenêtres du couloir, les défenses de se pencher au-dehors rédigées en français et en langues étrangères. *Do not lean outside* : jusqu'à ce que je commence à apprendre l'anglais en sixième, j'ai prononcé cette phrase obscure à la française. Je déchiffrais vaguement *E pericoloso sporgersi*, l'avertissement qui a inspiré à Gotlib l'histoire d'un cochon nommé Jerzy, avec pour chute : « Et père y colle au zoo ce porc Jerzy »

le ticket de quai qui donnait le droit d'accompagner les gens en partance jusqu'à l'arrivée du train

la grande balance pour se peser avec une pièce de 20 centimes à l'intérieur de la gare

Je parle pour celui qui a manqué le train, une chanson de Jacques Bertin

le petit sac rouge que détache Anna Karénine avant de se jeter sous les roues d'un wagon.

À vingt ans, je lis *La Modification*, de Michel Butor. Durant le trajet Paris-Rome, Léon Delmont, parti rejoindre sa maîtresse pour lui annoncer qu'il quitte sa femme et ses enfants, se trouve plongé peu à peu dans un voyage intérieur de réflexions et de souvenirs qui le font changer de décision. Arrivé à destination, il repart sans revoir sa maîtresse. C'est alors pour moi le modèle de ce que je voudrais écrire. Trois ans après, je vais de Paris à Rome grâce à un billet Bige. Ce que j'ai écrit a été refusé par deux éditeurs, mais le trajet dure autant que dans le roman de Butor, vingt et une heures.

Au mois d'août 1953, la grève SNCF contre les décrets-lois de Joseph Laniel dure un mois. La ligne Paris-Le Havre est muette, on trouve bizarre de ne plus entendre passer les trains. J'ai treize ans, la grève me rend contente. Je lis sur Internet que ces décrets n'ont jamais été appliqués. La grève avait réussi.

Il y a des villes qui n'ont d'autre réalité que ferroviaire. Laroche-Migennes. Bréauté-Beuzeville. Culoz. Qui a résumé toute la désolation de la vie quand, prof stagiaire, j'attendais la correspondance pour Lyon, dans le bar de la gare, en lisant *Souvenirs de la maison des morts*. De grosses mouches d'automne molles et lentes se collaient aux vitres.

De l'intérieur du TGV arrêté dans une gare, en regardant distraitement le défilé lent d'un train de marchandises aux wagons fermés et rouillés, voir glisser l'image des wagons plombés de *Nuit et Brouillard*, « que le sang sèche vite en entrant dans l'histoire » (Jean Ferrat).

Le dimanche de la Pentecôte 2017, le TGV stationne plus

que de raison à Modane, une heure au moins. La porte du compartiment s'ouvre violemment, deux hommes baraqués en uniforme bleu le traversent au pas de charge, l'un derrière l'autre. Le premier tient en laisse un gros chien noir. Apparemment, ils ne cherchent pas les migrants en première classe.

Il y a longtemps, la jeune femme que j'ai été a pris le train avec son enfant de deux ans et demi. Je la vois en twin-set rose, ce matin déjà très chaud de la fin juin, dans un compartiment de première occupé seulement par un couple de buralistes qui discutent de commandes. Elle pense sûrement à ses parents épiciers-cafetiers qu'elle n'a pas revus depuis deux ans et qui l'attendent ce soir-là. En 1967, c'est un long voyage de la Haute-Savoie jusqu'en Seine-Maritime. À Paris, il faut changer, attendre un taxi pour aller de la gare de Lyon à Saint-Lazare, monter dans un train en direction de Rouen-Le Havre. Le compartiment est bondé jusqu'à Rouen, l'enfant sur les genoux bouge sans cesse, le voyageur assis en face lui offre une pastille de menthe, il la met dans sa bouche, la recrache. Après Rouen, une sensation inconnue envahit peu à peu la jeune femme devant le paysage qu'elle voit défiler sur cette portion de la ligne qu'elle a empruntée si souvent, de l'enfance jusqu'à son mariage. Malaunay, Pavilly, Barentin, la gare silencieuse de Motteville où le train vient de s'arrêter. Elle voit un herbage, des pommiers. Quelque chose de lourd, d'inéluctable, s'abat sur elle et lui fait serrer l'enfant contre elle. La jeune femme se demande si elle a bien fait de faire ce voyage sans son mari – lequel n'est « pas d'ici », comme disent ses parents. Elle ne sait pas que, tout à l'heure, à son arrivée à Yvetot, ce sera la dernière fois que son père posera sur elle son sourire d'homme timide et gentil, ce même sourire avec lequel il l'accueillait à chacun de ses retours quand elle était étudiante.

Plus tard, elle pensera qu'elle avait pris ce train pour le voir mourir.

***Annie Ernaux** a passé sa jeunesse en Normandie. À partir de* La Place, *texte consacré à son père, elle rompt avec la fiction et recherche des formes nouvelles d'autobiographie. Elle vit à Cergy. Parmi ses derniers livres :* Les Années *(Gallimard, 2008),* Mémoire de fille *(Gallimard, 2016).*

Occuper les lieux

Hier, 19 avril, les cheminots ont défilé dans les rues de ma ville natale : la gare de Laroche-Migennes emploie encore 550 personnes, explique un récent article du *Monde* (11 avril), et Osvaldo Cerqueira (secrétaire CGT) déclare fièrement à la journaliste que 80 % des roulants du site (conducteurs et contrôleurs) sont en grève. Dans le registre « moi aussi j'ai un grand-père cheminot », j'ai témoigné dans mon roman *Les Rouges*[1]. Bien sûr, il n'est pas indifférent que ma maison d'enfance se trouve dans le quartier des cités SNCF de Migennes. Mais ce n'est pas (seulement) ce qui me pousse à soutenir ce mouvement. La mise en cause du statut de cheminot et la reprivatisation partielle des lignes (annonçant un projet de privatisation totale à terme) mobilisent bien au-delà des salariés concernés et de leurs familles. Si, comme une bonne partie de la population, j'ai le sentiment que les cheminots font grève pour moi, pour nous tous, les raisons en sont politiques, c'est-à-dire qu'elles engagent une certaine idée du commun (universelle) et une expérience sensible (singulière) : celle de l'appropriation des lieux et des territoires. Les hommes ne vivent pas seulement de pain, ils vivent de paysages traversés. La capacité (qu'on disait autrefois

1. Éditions du Seuil, 2014 ; Points, 2015.

ouvrière) à relier les pays et les populations est la compétence professionnelle particulière des cheminots. Du coup, leurs luttes ont dessiné la figure d'une démocratie sociale rêvée : celle de communes administrées localement, toutes pourvues d'une mairie, d'une école et d'une gare, les unissant en un même réseau de liens et d'échanges. Le désir d'égalité des territoires et des hommes que suggère le voyage en train s'enracine loin dans le temps, celui de la liberté communaliste médiévale.

Pourtant, le chemin de fer a été la « locomotive » du capitalisme triomphant avant d'être celle du mouvement ouvrier. L'État français a le projet, dès 1814, de brader à une poignée d'« hommes aux écus » (Marx) les infrastructures de la révolution industrielle, cette affaire d'acier et de charbon. Mais c'est la loi du 11 juin 1842 qui réglemente la « concession » à des compagnies privées de l'exploitation du réseau ferroviaire en construction. Cette loi oblige les communes à donner les terrains, l'État à prendre en charge la construction des voies et à les « concéder » sans contrepartie aux investisseurs, pour des périodes très longues, analogues à celles qui sont actuellement négociées pour les aéroports ou les ports au profit de groupes comme Vinci : ainsi, le gouvernement s'apprête à « concéder » pour soixante-dix à quatre-vingt-dix ans ADP, Aéroports de Paris. M. Macron ressemble furieusement, christianisme militant compris, à M. Guizot, l'homme du « Enrichissez-vous » et du refus du suffrage universel, tête pensante du gouvernement de 1840 à 1848 : la corruption généralisée des amis de M. Guizot s'alimenta à la juteuse spéculation sur les profits générés par les concessions. En 1847, soit cinq ans après la loi de 1842, son maître d'œuvre, un certain M. Teste, ministre des Travaux publics, est au centre du scandale des concessions minières. Un an plus tard, la révolution de 1848 explose.

La politique gouvernementale de M. Macron est, « sous couvert de modernité », une politique de restauration de la rente capitaliste primitive, comme l'écrit Martine Orange[1]. Cependant, le capitalisme des années 1830-1850 se déployait largement dans les cadres nationaux, alors que les grands groupes auxquels on entend concéder aujourd'hui les infrastructures ou les superstructures de tous les types de transport, ports, aéroports, lignes ferroviaires de fret, ont une dimension transnationale – et pas seulement européenne. Ce « grand bradage » des patrimoines nationaux et des « biens communs de la nation » n'est ni un phénomène français ni un phénomène européen, mais un jeu de Monopoly mondial : Vinci, propriétaire d'autoroutes françaises et d'aéroports portugais, est présent dans 116 pays, dont l'Afrique du Sud, la Nouvelle-Zélande, et possède des lignes aux États-Unis. Ce n'est pas l'« Europe de Bruxelles » qui dicte cette politique au PDG de la SNCF : les recommandations de la Troïka ne font que s'aligner sur les exigences d'un capitalisme mondialisé. En France, c'est de l'intérieur même de l'État que le bradage s'opère, orchestré par de hauts fonctionnaires, comme l'énarque Guillaume Pepy, en concertation avec ses anciens condisciples des « grandes écoles », dont le PDG de Vinci, Xavier Huillard, héritier d'une dynastie du bâtiment et polytechnicien. Cette « noblesse d'État » (Bourdieu) se confond avec les aristocraties transnationales de l'argent et a confisqué à son seul profit la méritocratie républicaine : c'est cette caste qui mène le libre jeu (faussé) d'une concurrence plus ou moins « amicale », distribuant les aéroports grecs à des capitaux allemands ou les ports grecs au capitalisme d'État chinois.

Mais, symétriquement à cette lutte des classes que les capitalistes prétendent avoir gagnée (Vinci signifie « j'ai vaincu »),

1. https://www.mediapart.fr/journal/france/190418/privatisations-une-rente-perpetuelle-et-sans-risque-pour-le-prive

s'est déployée la lutte des classes des cheminots. Et, contrairement à ce qu'ils veulent nous faire croire sur tous les médias qui leur appartiennent, le combat continue : inlassablement, et à armes inégales certes. Face à ces « hommes aux écus » d'hier et d'aujourd'hui, des hommes et des femmes privés de moyens de production propres n'ont d'autre choix que de « gagner leur vie » en vendant leur temps et leurs forces, et s'organisent solidairement selon des modalités pour une part communes à l'ensemble du mouvement ouvrier : associations d'entraide et autres caisses de solidarité pour les malades et les anciens, ancêtres de la Sécurité sociale, lutte pour la journée de huit heures, les congés payés, la semaine de quarante heures votée en 1936, appliquée en 1981, le droit à une retraite digne et pleinement vécue, condition de l'allongement de la vie.

Comme tous les autres salariés, les cheminots se sont battus pour s'approprier leur outil de travail, confisqué par les concessions. Les mécaniciens et « chauffeurs » aimaient leurs machines, le thème est devenu « littéraire » : ils en étaient fiers, ils les « bichonnaient », leur donnaient des petits noms. À l'époque de la vapeur, les conducteurs arrêtaient la locomotive en plein champ pour embarquer des paniers d'œufs ou des volailles vendus à prix coûtant dans les coopératives ouvrières. Après guerre encore, à Cheny, au pont aux vaches, mon grand-père faisait signe au copain qui conduisait la micheline et « prenait le train en marche ». L'expression n'a plus qu'un usage métaphorique, et M. Macron explique que cette liberté d'action a toujours été le fait de minoritaires « anarchistes » et de « professionnels du désordre » : honneur à ces minoritaires à qui l'on doit tout, honneur à Louis Riglet et à Georges Laurent, qui ont fait sauter le dépôt de Migennes sous l'occupation nazie. On dira que ce rapport d'appropriation n'existe plus, parce que les conducteurs, dont la vigilance est surveillée électroniquement, vivent comme nous tous, mais plus charnellement que nous, jusque dans leurs nerfs survoltés au fond du sommeil, l'atroce mécanisation du temps et des vies. C'est faux : les cheminots de Migennes interrogés par la journaliste du *Monde*, le 11 avril, se désolent d'avoir si peu leur mot à dire pour réparer et entretenir les machines, « qui pourraient durer cent ans si on avait le temps de s'en occuper ».

La philosophe Simone Weil écrivait en 1949 : « Si [les salariés] veulent le contrôle de l'embauche [le statut] et la nationalisation, c'est qu'ils sont obsédés par la peur du déracinement total, du chômage [...] c'est qu'ils en ont assez d'être admis sur le lieu de travail comme des immigrés qu'on laisse entrer par grâce[1]. » Et de rappeler la joie des occupations en 1936, parce qu'elles permettent l'« enracinement » par l'appropriation du lieu et des moyens de la production : même joie en 1968, même joie en 1995, même joie en 2018.

Cette appropriation, les cheminots ont cru que la nationalisation la réalisait pour toujours en 1937, avec la création de la SNCF, dans la foulée du Front populaire. Finalement, la propriété d'État ne l'a pas garantie. Rude leçon de l'histoire. Lorsque Marx écrivait, en 1852, que « c'était déjà du socialisme de construire un chemin de fer là où il y avait un canal », il voulait dire que les voies fluviales et ferroviaires étaient aussi celles de la révolution sociale : la « convergence des luttes » de l'époque (canalous et cheminots) bloquant la circulation nationale des marchandises pouvait paralyser en quelques heures le pays, et la grève prenait immédiatement un caractère insurrectionnel. En 2018, les oligarchies transnationales ont le temps de voir venir : elles ne dépendent plus des pouvoirs nationaux, dont elles ont démantelé les régulations démocratiques. D'où

1. Simone Weil, *L'Enracinement*, Gallimard, « Folio essais », 1990, p. 73-74.

la pertinence d'une installation « perlée » de la grève – ultime recours, comme toujours : ils ont encore besoin de bras pour faire fonctionner leur système.

Mais il y a mieux : la lutte cheminote est immédiatement universelle parce que son enjeu profond est l'appropriation par tous des territoires traversés par les lignes. La « politique du tout-TGV » de l'actuel prince-PDG inamovible (malgré les accidents de 2013 et 2015, malgré l'augmentation de la dette entretenue à dessein pour justifier les privatisations) n'est pas seulement un « choix de gestion ». Elle touche à la fonction politique du réseau ferroviaire. Si les « petites lignes » sont déclarées non rentables, c'est aussi parce qu'on ne veut plus du pouvoir des communes, par ailleurs muselées dans lesdites « communautés de communes », inventées par un grand démocrate : Hitler. On désertifie les campagnes et on déshumanise les banlieues surpeuplées, parce que la logique de l'exploitation capitaliste est de pousser à bout son emprise totalitaire (qui est sa condition de possibilité) : par le « déracinement » du plus grand nombre possible d'individus, dépossédés de la décision citoyenne, éloignée au maximum, les technostructures des super-régions traitant directement du bradage des territoires, de leurs produits et de leurs populations aux capitalistes transnationaux.

Des soixante-dix maires démissionnaires de la Nièvre, de cette femme qui déclare à France Info que « bientôt on sera ravitaillés par les corbeaux[1] », les cheminots sont par fonction solidaires. S'est-on jamais interrogé sur le rapport si particulier des cantonniers et des roulants aux paysages arpentés ? Le beau mot de « chemineau » désignait autrefois ceux qui cheminent à pied, vagabonds, colporteurs, chiffonniers, couteliers,

1. https://www.facebook.com/france3bourgogne/videos/1864052266971596/UzpfSTY1Mzg5ODE5MjoxMDE1NTQ5MjI5ODgxODE5Mw/

ouvriers terrassiers à la recherche d'un emploi, puis enfin les cantonniers employés à surveiller et à réparer les voies. (Que de monde sur les routes avant la guerre de 1914, passant les frontières sans le savoir et sans « carte d'identité », invention répressive périlleuse du XXe siècle). Simplifié en *cheminots*, le mot désigne aujourd'hui l'ensemble des salariés des sociétés de chemins de fer – et en particulier ceux dont le statut est défini entre 1909 et 1920 puis en 1937 par une convention collective arrachée de haute lutte, que la technocrature transnationale veut jeter à la poubelle en ce printemps 2018. L'histoire du mot a accompagné le mouvement d'appropriation des chemins de fer, culminant mais aussi stagnant avec une nationalisation aujourd'hui remise en cause.

Le mouvement ouvrier est devenu républicain, après le massacre de la Commune de Paris, par les élections communales. S'il est tant question de « communes libres » ces jours-ci, c'est que l'émancipation passe plus que jamais par une revendication de reterritorialisation et de réappropriation politique locale, donc planétaire. C'est parce que nous sommes tous transformés mondialement en chemineaux « immigrés », étrangers sur nos terres privatisées, que la dévalorisation de la compétence particulière des cheminots nous touche au vif de notre décorporation numérisée et programmée par d'autres. La politique de l'enracinement qu'il s'agit de défendre avec eux pour nous tous n'est pas un repli identitaire, mais la généreuse « modification » dont, en 1957, Michel Butor avait fait un roman : celle que la rêverie au fil du paysage défilant derrière la vitre fait subir au voyageur. C'est la liberté de nous désaliéner des faux besoins virtuels, vampires de notre intimité sensible, inventés par ceux qui dégradent la beauté du monde en « produits d'investissement » et moyens d'enrichissement. C'est la liberté d'habiter charnellement et imaginairement le monde. C'est retrouver cette très spécifique capacité humaine universelle de transformer la biosphère en « milieu » de vie, paysage vécu, visages aimés, continuité vivante, mutante, historique, interactive, intersubjective, ouverte toujours sur l'imprenable horizon du désir et l'improbable rencontre.

Le contraire de l'antipolitique des dominants du jour, dont toute la « technique » de gestion vise à nous transformer en mendiants errants sur la planète, hôtes indésirables de leurs feuilles de calculs. Mais qu'ils se méfient d'eux-mêmes : si nous perdons la bataille qui nous oppose à eux depuis deux siècles, ils pourraient bien finir par en crever comme nous, suffocant ventres à l'air comme les poissons des rivières polluées d'avoir détruit l'eau commune où nous vivons.

Tous chemineaux, démasquons les autorités à la « légalité apparente[1] », les faux discours, les trompe-couillons télévisés et les jeux de hasard privatisés, les élections truquées et les milices racistes prétendument populaires, les castes militaro-financières qui se font la guerre chimique sur notre dos. Sortons à l'air libre, sur la route, le long des voies, dans les champs, occupons les boulevards, les forêts, les facs, les places, les plages. Avec les cheminots grévistes, traçons les voies nouvelles.

Déferlons hors de leurs frontières.

Pascale Fautrier *est écrivaine, auteure notamment de* Les Rouges, *paru au Seuil en 2014.*

1. Benjamin Constant, discours du 9 février 1822 sur la loi de la presse et les libertés fondamentales.

Pour Jeannette

8 septembre 1942

1.

Ce matin-là, comme à son habitude, Georges s'était levé à 6 heures.

Fatigué, courbaturé et de mauvaise humeur.

Lui qui, en temps normal, n'avait jamais eu le moindre problème pour trouver le sommeil, avait passé une mauvaise nuit, à tourner et à virer dans son lit, sans parvenir à s'endormir.

Ce qu'il se passait depuis plusieurs mois à la gare de Drancy-Le Bourget le perturbait.

Des images entêtantes revenaient sans cesse, se fracassant les unes contre les autres pour le plonger dans le désarroi le plus total. Personne ne pouvait ignorer les bus de la Compagnie des transports en commun de la région parisienne qui, trois fois par semaine, partaient de la cité de La Muette pour déverser sur les quais, en flots continus, des cortèges sinistres de femmes apeurées, d'hommes inquiets, d'enfants effrayés et de vieillards hébétés. Des juifs pour la majorité d'entre eux. Comme en témoignaient les étoiles jaunes solidement cousues, à gauche et bien en évidence, sur le devant de leurs vestes et de leurs manteaux. Pour les marquer, comme du bétail, et pour les humilier, encore et encore. Même si les nazis et les policiers français s'ingéniaient à organiser le départ des convois dans la plus grande discrétion, ils ne pouvaient empêcher les cris et les sanglots des malheureux que l'on poussait et entassait dans les wagons à bestiaux pour une destination inconnue. Ces scènes auxquelles il assistait lui laminaient le cœur. Le brouhaha infernal qui résonnait et s'amplifiait dans le hall de la gare jusqu'à le rendre assourdissant, les ordres hurlés et relayés par les haut-parleurs dans un vacarme insupportable, la vapeur épaisse crachée par les cheminées des locomotives pour former des traînées de brouillard qui absorbaient l'espace, oui, à tout cela, Georges ne s'habituait pas. Faire semblant, il n'y parvenait plus. L'indifférence générale, il la vomissait.

Il en avait perdu le goût du travail et, pour la première fois, après vingt années de bons et loyaux services passées successivement à la Compagnie du chemin de fer du Nord, puis à la Société nationale des chemins de fer français, devoir y retourner lui coûtait.

Et aujourd'hui plus qu'un autre jour.

Sans se l'expliquer, même si en tant que mécanicien il devait se contenter, sans penser à rien d'autre, de contrôler et de vérifier le bon fonctionnement des locomotives et, si besoin, de les réparer, Georges avait l'impression de participer, bien malgré lui, à un truc dégueulasse qui le dépassait. Il avait bien posé quelques questions autour de lui mais il n'avait obtenu que de vagues réponses. Quand ce n'était pas des mines agacées, des haussements d'épaules ou des silences gênés. Des on-dit persistants évoquaient des camps de travail et de rétention. En Allemagne et en Pologne. Il interrogerait Marcel et Jean. Eux, il en était certain, ils lui en apprendraient un peu plus. Il les avait discrètement observés. Souvent, ils parlaient entre eux à voix basse et ils s'échangeaient des messages griffonnés à la va-vite sur des bouts de papier. Leur manège, malgré toute la discrétion qu'ils déployaient, ne lui avait pas échappé. Quelques machines avaient été sabotées, et ils les avaient surpris à sourire quand les pannes avaient été constatées par les conducteurs. Une rumeur invérifiable circulait à leur sujet : ils appartenaient à un réseau de résistance. Mais tout et n'importe quoi se racontait. Chacun se méfiait de son voisin. Les amis de longue date pouvaient vous dénoncer pour une broutille. Le mieux était de ne se mêler de rien.

Mais jusqu'à quand pourrait-il tromper les apparences ?

Il ne pouvait se confier à personne : la prudence était de mise, la confiance, une illusion.

Georges avait attrapé d'un geste machinal le broc en faïence pour verser l'eau dans la bassine afin d'effectuer un brin de toilette. La savonnette lui avait échappé des mains, il s'était cogné à la table de cuisine quand il avait voulu la ramasser et il avait poussé un juron, envoyant tout valdinguer contre le mur. Puis il avait enfilé son bleu de travail et, après s'être énervé sur les lacets de ses chaussures, qu'il ne parvenait pas à nouer correctement, il avait attrapé sa casquette gavroche, qu'il portait en permanence pour camoufler une calvitie naissante.

Après avoir entrouvert les volets, il avait pris un petit déjeuner frugal composé d'un grand bol d'orge torréfiée sans sucre et d'un quignon de pain dur. Le liquide amer lui brûlait toujours le palais mais, au moins, il le réchaufferait le temps du trajet à vélo pour se rendre à son travail.

Depuis que les boches s'étaient installés ici comme en territoire conquis, ce qui d'ailleurs était le cas, Georges ne rêvait que d'une chose : humer les vapeurs envoûtantes d'un bon café et le siroter à petites gorgées. Et que le temps, enfin, se fige. Mais ce n'était pas pour demain la veille. Car elle n'était pas près de se terminer, cette foutue guerre. Le vert-de-gris avait pris ses aises et rentrer chez lui n'était pas sa priorité immédiate, à en croire le cours des événements. Le Reich, il ne savait pas s'il durerait mille ans, mais il durerait un certain temps. En attendant, tout ce qu'il en pensait, c'était que le Maréchal grabataire et sa clique de chiffes molles aillent se faire foutre avec leur révolution nationale et leur collaboration nauséabonde. Et à Vichy, ce ramassis de crapules asservies aux fridolins devaient manger à leur faim quand le peuple se coltinait, les jours de festin, des topinambours, des rutabagas et des potages à base d'ortie blanche, de mouron et de luzerne.

Pour autant, il n'était pas le plus à plaindre. Il vivait seul et, moindre mal, il n'avait à se préoccuper que de lui-même.

Gustave, par exemple, avec sa femme et ses six marmots, cela devait être bien plus compliqué de subvenir aux besoins de toute la famille. Les cartes d'alimentation ne devaient pas toujours suffire. Quant au marché noir, les prix étaient devenus vite exorbitants. Sans compter les risques courus.

Tout à sa réflexion, il ne remarqua pas tout de suite que le pneu arrière de sa bicyclette était crevé. Le démonter et réparer la chambre à air lui prit un bon quart d'heure. Le temps de retrouver surtout la boîte de rustines dans le fatras qui s'amoncelait dans le cagibi.

Il allait devoir pédaler plus vite, sans cela il serait en retard. Et pourquoi ne resterait-il pas chez lui ? Mauvaise idée. Il n'avait rien à se reprocher mais, lui qui n'avait jamais été absent, cela paraîtrait suspect.

Quand il passa devant le panneau « LE BOURGET », il se demanda s'il avait bien fermé à clef la porte de sa maisonnette. Impossible de s'en souvenir. De toute façon, il n'allait pas faire demi-tour maintenant.

Cette journée, il avait déjà hâte qu'elle se termine.

2.

Après avoir attaché avec soin son vélo au poteau d'un lampadaire, Georges alluma une cigarette. Le tabac, il l'économisait le plus possible, le troquant parfois avec sa voisine contre des tickets de pain.

C'est en se rendant vers le hangar, alors qu'il marchait entre les rangées de wagons, le long de la voie ferrée, qu'il découvrit la lettre.

Par la suite, il se demanderait souvent quel mystérieux concours de circonstances avait œuvré pour qu'il tombe sur elle. En partant de chez lui plus tôt par exemple, il ne l'aurait jamais eue entre les mains. Quelqu'un l'aurait trouvée à sa place et il n'en aurait jamais eu connaissance. Il ne passait jamais par là non plus. Il empruntait toujours un autre trajet, plus court. Il n'avait pas eu envie de voir du monde aujourd'hui. Aussi, pour éviter les rencontres inopportunes, il avait choisi ce parcours, déserté à cette heure matinale.

Les équipes, en effet, n'avaient pas encore pris leur poste.

Dans quelques minutes, la gare de triage sortirait de la torpeur, comme un monstre endormi qui se réveille. L'effervescence et les conversations, les crissements stridents, les bruits de roulement, les chocs métalliques et mécaniques, les manœuvres d'aiguillage pour orienter les lames, oui, le silence se désagrégerait dans une surenchère de fracas continu et insatiable.

Mais, pour l'instant, tout était encore calme avant la tempête annoncée.

Il s'était baissé pour examiner un tire-fond. Il était desserré et sortait du trou percé dans le bois de la traverse. La tête ne venait pas en contact avec le patin. Il avait parcouru une cinquantaine de mètres pour constater que c'était le cas à plusieurs endroits. Certains avaient été carrément déboulonnés et arrachés. Curieux que personne ne s'en soit aperçu. Il le signalerait à ses collègues pour qu'ils examinent plus en détail. Ils devraient également ajouter du ballast car l'ensemble était instable. Sans cela, le sol se tasserait et se déformerait avec le poids des trains. Mais il n'avait pas à leur expliquer leur travail. Ils risquaient de l'envoyer dans les cordes. Après tout, il n'en parlerait à personne. Ce n'était pas son problème. Il jeta son mégot par terre et l'écrasa avec le talon de sa chaussure.

Une enveloppe bleue, poussée par le vent, était là, à ses pieds.

Intrigué, il s'était accroupi pour la ramasser.

L'adresse du destinataire avait été recopiée avec application, comme pour s'assurer qu'elle lui parviendrait sans encombre.

Madame GRIFF
6, rue Dérodé
51100 REIMS

Georges hésitait quant à la conduite à tenir : devait-il apporter la lettre au bureau de poste de la gare ou la laisser par terre, là où il l'avait trouvée ?

Et pourquoi ne la lirait-il pas pour juste prendre connaissance du contenu ? Que risquait-il ? Personne ne l'avait vu après tout. Ensuite, il aviserait.

Avec délicatesse, prenant soin de ne rien abîmer, il la décacheta. Le cœur battant, il découvrit les mots qu'une main enfantine avait écrits.

Chère tante,
Je peux te dire qu'on nous a déportés de Drancy lundi et je ne sais pas où on va nous conduire… Si tu nous voyais, tu ne nous reconnaîtrais pas.
On est… morts.

Chère tante, si tu reçois une lettre de papa, écris le malheur de nous et je ne sais pas si on se reverra encore...
Chère tante, tu seras bien gentille d'envoyer cette petite lettre à papa.
Papa... on te dit un bonjour pour toujours, un bonjour de nous tous et merci pour tout.
Jeannette

Les mains tremblantes, il replia la lettre qu'il remit avec précaution dans l'enveloppe. Il glissa le tout dans la poche de sa veste de travail. Du revers de la main, il essuya ses yeux embués de larmes.

Puis, comme si de rien n'était, il pressa le pas. Il était en retard. Il ne voulait surtout pas que cela se remarque.

3.

La rage.

Sourde et furieuse.

Irrépressible car trop longtemps contenue.

L'envie d'en découdre avec le monde entier même si vous savez le combat perdu d'avance.

Le cerveau en ébullition ; les idées s'entremêlent ; impossible de réfléchir ; la violence réclame son dû ; la vengeance l'exige.

Un feu intérieur vous dévore, vous brûle, vous laisse sans voix, hagard et féroce.

Et, pour le contenir avant qu'il ne vous rende fou, le seul moyen est de passer à l'acte.

Cette journée, Georges avait vraiment hâte qu'elle se termine.

Accélérer le temps. Le pousser dans ses derniers retranchements.

Pour être déjà à demain.

4.

Toujours se taire est insupportable.

Savoir désobéir.

J'avais oublié combien cela est important.

Le 12 septembre 1942, un demi-accouplement de freins a été coupé et enlevé au wagon 104.759. Autorités et polices avisées.

Rester les bras croisés est un aveu de lâcheté.

Le 12 septembre 1942, au cours d'une visite ce matin de rames TCO, il a été découvert que des boîtes d'essieux avaient été remplies de sable et de mâchefer introduits par les godets graisseux. Environ 150 boîtes d'essieux sont touchées. Enquête entreprise par la Feldgendarmerie, *qui a demandé de surseoir à la remise en état des wagons. L'arrondissement fait visiter toutes les rames qui sont sur son terrain.*

Pouvoir se regarder dans un miroir sans avoir à détourner la tête.

Ce jour, 25 septembre 1942, le service local traction a constaté qu'un acte de malveillance occasionnant l'immobilisation prolongée de la machine 140 B 1113 sortant des réparations pour DRB avait été commis. Introduction d'une pièce métallique dans le cylindre ayant provoqué l'éclatement de ce dernier. Autorités avisées.

Un jour, ils m'arrêteront ou bien je serai dénoncé. Et alors ?

2 octobre 1942, vers 11 heures, un soldat allemand a déclaré au service de surveillance qu'il avait vu un cheminot français sur le wagon 5.511 chargé du matériel d'incendie de Cologne à Abbeville (1 bis 054555) qui exécutait un acte de malveillance (joints en caoutchouc coupés).

J'ai atteint un point de non-retour. Je ne peux que continuer. Pas d'autre choix.

Le 28 décembre 1942, à 22 h 15, un engin a explosé sous un baraquement de l'armée d'occupation situé dans la cour départ de Paris-Austerlitz. Deux soldats allemands ont été blessés dont un grièvement. Quelques vitres de la gare ont été brisées. Enquête en cours.

Ma vie a enfin un sens. Je n'abandonnerai jamais le combat.

Le 7 janvier 1943, vers 3 h 40, un train de permissionnaires allemands a déraillé sur la ligne Paris-Cherbourg, au kilomètre 222,040 à 2,5 km de la gare de Moult-Argences, et à 17 kilomètres de Caen, sur le territoire de la commune d'Airan. Ce déraillement est dû à un acte de sabotage. Un rail a été complètement déboulonné et déporté à 50 centimètres de son emplacement. Le convoi qui roulait à ce moment à 90 kilomètres à l'heure était composé de 10 voitures dont 8 métalliques. Déroutée de sa course, la locomotive, après avoir labouré le ballast sur une soixantaine de mètres, est venue buter contre un déblai de 3 mètres où elle s'est en partie couchée. Sous la violence du choc qui en a résulté, deux voitures non métalliques furent pulvérisées.

Ils sont coupables parce qu'elle était innocente.
Tout ce qu'elle aurait pu vivre mais qu'elle ne connaîtra jamais.

Le 18 février 1943, vers 10 heures, sur la ligne de Paris-Montargis par Malesherbes, au kilomètre 74 200 entre les gares de Boigneville et de Malesherbes sur voie 2, côté extérieur, un engin consistant en une marmite norvégienne a été découvert par le cantonnier de service qui effectuait sa tournée. Cet engin était relié par des fils placés à proximité du rail de la voie 2. Le chef de district de Malesherbes s'est rendu sur les lieux et a autorisé la reprise normale de la circulation sur les deux voies après avoir coupé les fils. La marmite norvégienne contenait 11 cartouches de citronite et 2 détonateurs.

Accrochée avec du fil de fer, une pancarte était fixée sur l'ensemble.

En lettres capitales, il était écrit : « POUR JEANNETTE ».

Le service allemand et autorités avisés[1].

Né en 1970, ***Patrick Fort*** *est l'auteur de trois recueils de nouvelles et d'un roman,* Après nous, *consacré à Celestino Alfonso, l'Espagnol rouge du groupe Manouchian. Dernière publication :* Le Voyage à Wannsee *(Gallimard, 2018).*

1. Jeannette Griff, neuf ans, a été déportée par le convoi 29 du 7 septembre 1942 composé de 1 000 personnes. Seules 34 d'entre elles reviendront.

Elle était accompagnée de sa mère, Charlotte, et de ses trois frères, Maurice, Simon et Léon, âgés respectivement de sept ans, cinq ans et un an et demi.

Ils avaient été arrêtés à Mont-de-Marsan le 18 août 1942, transférés le lendemain au camp de Mérignac puis quelques jours plus tard à Drancy.

Ils ont été assassinés à Auschwitz dès leur arrivée, après cinquante-six heures cauchemardesques.

La lettre de Jeannette Griff a été retrouvée au domicile de leur tante, à Reims. Elle aussi périra au camp d'Auschwitz.

2 500 agents de la SNCF sont morts, victimes de la répression des forces d'occupation et de Vichy.

Les cheminots victimes de la Seconde Guerre mondiale, en incluant les cheminots morts au combat, tués dans l'exercice de leurs fonctions ou sous les bombardements, sont en tout 8 500.

Source : http://www.ahicf.com/IMG/pdf/cheminots_dans_la_resistance__dossier_de_presse2015-2.pdf

« L'utile tout sec, jamais le beau »

S'émerveiller
ou des vertus de la mémoire

Si souvent nous vivons dans les trains, nous, auteurs et autrices. Nous prenons tant de TGV, TER, Transilien, RER pour traverser la carte, accompagner nos livres dans les classes, bibliothèques, maisons d'arrêt et festivals. Nous parcourons chaque année des dizaines de milliers de kilomètres sur les rails, si bien que nos yeux ont fini par s'user : le train, nous ne le voyons plus. Nous avons pourtant été cet enfant excité par la nouveauté de l'expérience, le nez collé à la vitre dans le fracas des roues ; pareil, sûrement, à Victor Hugo voyageant d'Anvers à Bruxelles, en 1837, au tout début de l'histoire du chemin de fer, qui s'émerveille des métamorphoses que le train impose au paysage :

> C'est décidément très beau. [...] C'est un mouvement magnifique qu'il faut avoir senti pour s'en rendre compte [...] les fleurs du bord du chemin ne sont plus des fleurs, ce sont des taches ou plutôt des raies rouges ou blanches [...] les blés sont de grandes chevelures jaunes. [...] Le remorqueur flamboyait devant moi avec un bruit terrible, et de grands rayons rouges qui teignaient

> les arbres et les collines tournaient avec les roues [...] en faisant douze lieues à l'heure.

Les mêmes mots auraient pu saluer la naissance du syndicalisme, ses promesses de réenchantement. Sans doute, Victor Hugo aurait été d'accord.

Nous sommes face à l'histoire du train, à l'histoire syndicale comme devant toutes les conquêtes révolutionnaires – congés payés, Sécurité sociale – doucement anesthésiés par l'habitude. Nous avons oublié qu'il y a un avant à toute chose, que nous sommes héritiers de tant d'apocalypses et de big-bang. Nous oublions que l'histoire est processus de création, une somme de luttes qui furent neuves. Nous oublions la complexité du scénario initial, les mille péripéties de la conquête, sa fragilité et ses incertitudes, ses héros. L'instant présent nous kidnappe et confisque la mémoire. Comme le train a imprimé au paysage de splendides transformations, les syndicats ont en profondeur modifié notre environnement.

Dans sa *Lettre ouverte à un syndiqué*, Simone Weil redit ce que fut le monde des opprimés avant le syndicalisme et les grèves de 1936 :

> Le mois de juin 1936 est une date dans ta vie. Te rappelles-tu, avant ? C'est loin déjà [...] Mais il ne faut pas oublier [...]. On n'avait qu'un droit : le droit de se taire. Quelquefois, pendant qu'on était à son boulot, sur sa machine, le dégoût, l'épuisement, la révolte, gonflaient le cœur. [...] Est-ce que tu te rappelles bien, maintenant, comme on avait peur, comme on avait honte, comme on souffrait ?

Le syndicalisme a donné la parole à ceux qui ne l'avaient pas, a voulu rendre leur dignité aux plus démunis mais aussi transformer le monde du travail. Détricoter le discours actuel, si prompt à l'amnésie, c'est revisiter nos pré-histoires et affirmer notre refus d'y retourner.

Des torsions de la langue comme violations du droit

L'idée de progrès, longtemps, a eu un sens précis. Littéralement. Une direction. Il allait vers le mieux-être. Naïf, disent certains, irréaliste. Nous préférons : exigeant. D'ailleurs, le « chemineau », au XIXe siècle, c'est celui qui, littéralement, chemine, avance avec la ligne rail après rail, progresse dans la conquête d'un territoire – qu'on peut élargir jusqu'à la métaphore.

La société conçue par le Conseil national de la Résistance en 1945 allait aussi vers le progrès, en injectant de la démocratie dans l'entreprise, en préparant la retraite pour tous, en instaurant l'équité face à la maladie, en réglementant les énergies pour les rendre accessibles à tous. L'État providence amenderait les injustices de la nature et de l'existence et ne laisserait pas la seule loi du marché aux commandes.

On nous clame aujourd'hui que la notion de progrès a changé de camp. Que les syndicats radotent les mêmes rengaines depuis 1936, les mêmes vues étroites, et que le monde des Trente Glorieuses est mort depuis longtemps. Rien ne serait plus conservateur que la crispation sur les acquis sociaux d'une époque révolue, ils entraveraient la bonne marche de l'économie de marché. Or l'économie de marché, nous assène-t-on, c'est l'avenir. Notons que c'est pratique, l'économie de marché : le marché n'a pas d'éthique. Le marché ne se casse pas les reins sur la machine ou au bureau, le marché n'a jamais mal, ne s'use pas, n'a nul besoin de retraite ni de Sécurité sociale. Le marché est un mécanisme sans âme, sans compassion, ni culpabilité, ni sentiment d'injustice, il fonctionne seul à la façon des algorithmes, pure logique.

L'homme, c'est autre chose. Il souffre. Il désire. Il décline. Il s'indigne. Il aime. Il doute. Il connaît la colère. Quel encombrement. Quelle ringardise, l'homme, cette masse d'émotions, de pensées irrationnelles, généreuses, qui entrave la marche d'un système qu'on voudrait brancher sur pilote automatique. L'homme a des besoins, cet imbécile. Des limites. Et même, des rêves. L'homme, c'est compliqué.

Progrès est devenu un mot passéiste. Le mot *réforme* l'a remplacé. La réforme, c'est le Graal. La réforme implique l'exigence du changement quel qu'en soit le sens – on re-forme, c'est tout. Si le mot est neutre, indifférent à l'idée de régression ou de progrès, l'objectif de nos gouvernants ne l'est pas. Le but ultime, c'est satisfaire aux injonctions européennes, autrement dit la forme nouvelle est pré-moulée. Il y a une tentation d'eugénisme social dans ce désir d'hygiène économique à tout prix. Oh ! que l'homme est archaïque, et que ne pourrait-on se passer tout à fait de lui.

Parce que le mot *réforme* s'est substitué au mot *progrès*, il faut nous souvenir des premiers combats. Ce glissement sémantique prouve qu'aucune lutte jamais ne s'achève, que le début c'est tout le temps, que le présent et le passé infusent constamment l'un dans l'autre, qu'il ne faut pas baisser la garde. « Si les choses ont changé quelque peu, n'oublie pourtant pas le passé, écrit Simone Weil. C'est dans tous ces souvenirs [...] que tu dois puiser ta force, ton idéal, ta raison de vivre. » La *gréviculture* dont on accuse les syndicats, dénoncée comme un refus du dialogue, est une reprise forcée de la parole confisquée.

Nous aussi, les auteurs, avons eu un avant de nos droits. L'isolement des artistes a toujours favorisé leur asservissement, hier comme aujourd'hui. Grâce au collectif, les choses ont pour nous aussi *changé quelque peu*. Écrire a longtemps été l'apanage des rentiers, des chanceux du mécénat et des crève-la-faim. Dans la conquête de nos droits, Victor Hugo a eu sa part. Les organisations d'auteurs, à même vocation que les syndicats, ont permis qu'auteur ne soit plus exclusivement une servitude ou un privilège, mais reconnu comme un métier – dont on puisse vivre. Les batailles menées depuis plus d'un siècle – code de la propriété intellectuelle, code des usages, possibilité de reprendre ses droits, statut social de l'auteur, sanction pour défaut de paiement – n'ont pas seulement induit la réforme des pratiques, mais un progrès véritable. En tant qu'auteurs, nous sommes aujourd'hui confrontés aux mêmes surdités que les cheminots de la part du gouvernement, notamment concernant l'augmentation non compensée de la CSG, qui nous fragilise et n'a jamais fait l'objet de la moindre concertation. Comme eux, nous préférons le progrès aux réformes, et refusons les violations de la langue qui mutent en violation du droit. Ni nos combats ni ceux des cheminots, comme toute exigence de progressisme, ne peuvent être frappés d'obsolescence.

Le spectre du paternalisme

On leur dit : vous ne comprenez pas. On leur dit : on vous expliquera.

On dit, au gouvernement, qu'on va faire de la *pédagogie*. On prend les syndicats pour des enfants que l'ignorance condamne au silence, pour des demeurés que leur bêtise égare malgré eux. Il y a ceux qui savent et les autres. Il s'agit, pour nos dirigeants, de raisonner les rebelles. Le résultat est sûr, puisqu'il y a ceux qui savent.

Sous de nouveaux costumes avance ce spectre du paternalisme

qui place entre les mains de quelques-uns, au sommet de la hiérarchie sociale, l'avenir de tous les autres – dont ils veulent évidemment le bien, assurent-ils, leur offrant un bonheur uniforme plié à leur vision du monde. Les technocrates, les experts, dont Pierre Bourdieu, dans son discours de 1995, dénonçait la tyrannie, n'ont pas à *négocier* avec des infirmes de la pensée. Ils vont *expliquer*, clarifier, in fine convertir, ils sont sûrs d'eux. Nous, les auteurs, connaissons ce discours par cœur. On nous explique que nous ne pouvons pas être payés plus d'une fois par an. On nous explique que l'économie du livre interdit à la littérature jeunesse des rémunérations égales à celles de la littérature adulte. On nous explique que les chiffres des ventes annoncés ne peuvent être vérifiés.

Et on l'explique aux cheminots en grève, aux usagers en galère : la seule solution, c'est la réforme. Réformer, c'est-à-dire privatiser. Privatiser pour en finir avec la dette publique, avec les dysfonctionnements innombrables de la SNCF – trains toujours en retard, personnel désagréable, mauvaise communication aux usagers. Privatiser la mission qui incombe à l'État comme on se débarrasse d'un adolescent en crise. C'en est bien fini, aux yeux de nos dirigeants, de l'exemplarité de la SNCF et de la figure admirée du cheminot, symbole du service public à la française, comme l'instituteur a longtemps été un hussard de la République : le cheminot capricieux défendrait ses seuls intérêts, on taxe les syndicats de pur corporatisme.

L'œuvre invisible

Cent ans après le voyage de Victor Hugo, en 1937, le système ferroviaire, géré par des compagnies privées, était au bord de la faillite. La nationalisation est apparue comme indispensable pour sauver l'économie défaillante des chemins de fer. Seule une organisation unique était à même de réguler l'ensemble du trafic sans sacrifier la sécurité. Seule une gestion centralisée était à même de prendre en charge la logistique matérielle et humaine, le pari technique. Seule une entreprise nationale était à même de supporter la non-rentabilité de lignes néanmoins essentielles à la vie quotidienne de certains, condition sine qua non d'une couverture égalitaire de la carte de France. Les chemins de fer français ont déployé une géographie nouvelle dictée par un désir d'équité, un rapport du citoyen au territoire structuré par la gare, une des dimensions essentielles de la démocratie.

Grâce au train d'ailleurs, à son réseau complexe de lignes principales et secondaires, nous, les auteurs, accompagnons la langue et les livres jusque dans les campagnes du Massif central, des Cévennes, de la Creuse, des Ardennes, dans ces villages de la « diagonale du vide », ainsi que l'appellent nos manuels scolaires, ce prétendu « désert français » qui promet lui aussi de si belles rencontres. Les trains régionaux, même à moitié vides, ont cette vertu irremplaçable de véhiculer les gens et les idées pour nous relier les uns aux autres : ils sont des artisans du vivre-ensemble. Le train est un auxiliaire de la liberté et de l'égalité. La fraternité, l'exercent ceux qui résistent pour préserver ce précieux service public et refuser de remettre nos vies aux seules mains des comptables. Simone Weil évoquant les ouvriers en grève en 1936 ne dit pas autre chose : « En se défendant, ils défendent la dignité humaine foulée aux pieds. » Et ainsi que l'affirme Gauvain, l'emblématique personnage révolutionnaire de Victor Hugo, dans les dernières pages de *Quatrevingt-treize* : « Derrière l'œuvre visible, il y a l'œuvre invisible » ; celle qui, plus grande que nos luttes singulières, exige des tremblements de terre.

Or, aujourd'hui, l'impératif de rentabilité promet un service public au rabais en sabrant les services administratifs, postes d'entretien du matériel, guichets de vente aux voyageurs, trains de nuit, trains de fret (déjà pour leur part entrés en concurrence). Des gares sont fermées, des lignes abandonnées. Les propositions concrètes faites par les cheminots, quels que soient les syndicats, montrent qu'ils saisissent le réel à bras-le-corps et pensent bien au-delà de leurs petites personnes. Si nos dirigeants politiques les ignorent, les font passer pour des poètes éthérés ou des corporatistes égoïstes, c'est peut-être qu'ils manquent cruellement de connaissance du terrain, d'écoute, et d'idéal. Les cadres de la SNCF eux-mêmes vivent mal la mise en cause du personnel des chemins de fer par des experts qui ne connaissent le système ferroviaire qu'en surplomb.

Certes, se questionner, évoluer, se renouveler, à mesure que le monde change, est une nécessité pour tous, pour les entreprises comme pour les êtres vivants. Mais pas au prix de l'abandon d'un idéal de bien commun.

L'idéal et le réel

L'idéal, on le méprise en le réduisant à une chimère quand il devrait être un phare pour l'action. Comme Cimourdain dans *Quatrevingt-treize*, certains veulent l'homme fait par Euclide plutôt que par Homère. Ce que Cimourdain, miroir de nos gouvernants, appelle *songe* en le raillant, Gauvain l'appelle *réalité*. Il a raison. La réalité, en politique, ce n'est pas seulement ce qu'on voit mais ce qu'on veut qu'il advienne. Un projet politique et social est la somme des moyens mis en œuvre pour abolir l'écart entre ce qui est et ce qui devrait être. Autrement dit, une croyance, un devenir, le produit d'une éthique, d'une volonté farouche, d'une foi capable de braver nos myopies, de déporter loin nos regards. L'idéal, c'est la beauté qui justifie la lutte.

Et face aux discours obtus, aux visions étroites de nos dirigeants, on pense aux mots désolés de Victor Hugo au terme de son voyage en train d'Anvers à Bruxelles, devant la locomotive soudain arrêtée, silencieuse, ramenée à son état de simple machine : « Voilà la triste infirmité de notre temps [...] ; l'utile tout sec, jamais le beau. »

__Valentine Goby__ et __Carole Trébor__ sont écrivaines. Diplômée de Sciences-Po et passionnée d'histoire, Valentine Goby signe autant des romans de littérature générale que des livres jeunesse. Docteure en histoire, Carole Trébor écrit surtout des romans pour les adolescents et des albums pour les enfants. Militantes enthousiastes du droit des auteurs, notamment à la Charte des auteurs et illustrateurs jeunesse, et fortes de l'amitié qui y est née, elles entendent bien mener de front d'autres combats communs ; à ce titre, elles sont heureuses de cosigner aujourd'hui ce texte.

Le tunnel

« Le tunnel du Fréjus a douze mille cinq cents mètres de long, mais pas pour tout le monde. »

Ça ne va pas, il faut que je trouve une autre phrase.

« Les trains passent, et j'ai le cœur en peine. »

C'est encore pire. Cela n'a ni queue ni tête et, de plus, c'est trop lyrique. Il faut une phrase simple, simple et percutante. Assis près de la fenêtre, dans le train Strasbourg-Paris, je réfléchis. Je dois trouver une phrase incisive, sans fioritures. Une phrase bien carrée. Derrière la vitre défilent des arbres, des champs labourés avec soin, des canaux, des vaches grasses. Je ne veux rien voir. Le train coupe les routes à toute allure. Nous laissons derrière nous des gares vides, l'ennui des salles d'attente. Puis, de nouveau, des arbres, des champs, des champs… Un moment, le ciel s'élargit. Mon regard accroche au loin le clocher d'une église. Tout en haut, la girouette en forme de coq défie les nuages. Nous traversons des villages. De beaux villages proprets où le chant du coq n'est peut-être plus qu'un souvenir. Pavillons avec jardin, murs, fenêtres. Bientôt, les lumières s'allumeront dans les pièces, portes et rideaux se fermeront. Il n'y aura plus personne dehors. J'imagine les rues et les cafés déserts. La nuit descendra brusquement sur les toits. L'obscurité enveloppera maisons et jardins. À l'intérieur, dans la clarté des salons, les gens oublieront leur isolement, la nuit hostile.

« À l'entrée du tunnel, il y avait une maison de la steppe avec un toit en pisé et, à sa sortie, un appartement de cinq pièces. »

Ma foi, ce n'est pas trop mauvais. Comme si une aspiration, un rêve, des ténèbres débouchant sur la lumière, étaient suggérés.

« Qu'est-ce que tu as, vieux ? me demande Jacques. Tu ne dis plus un mot. »

Je sursaute. J'avais oublié la présence de Jacques à mes côtés. Bien que nous soyons du même âge, il me dit toujours « vieux » depuis que nous sommes devenus amis, sans doute pour affermir notre intimité.

« Je réfléchis à la première phrase, Jacques. C'est si important, la première phrase.

— ... Non, mais qu'est-ce qu'il t'arrive ! La première phrase de quoi ?

— De quoi ? De notre reportage bien sûr !

— Laisse tomber le reportage pour le moment et repose-toi un peu ! »

Assis près de moi, il déguste son café. La pipe vissée à sa bouche, il paraît si à l'aise ! Toutes ses attitudes trahissent le journaliste professionnel, le réalisateur de télévision à succès.

« Je vais te commander un café, me dit-il, sinon tu vas t'endormir.

— Écoute, Jacques, nous pourrions commencer ainsi : "Chaque tunnel annonce la lumière du jour, ponctuant d'espoir l'obscurité. À l'entrée du tunnel du Fréjus, il y avait une maison de la steppe avec un toit en pisé et, à sa sortie, un appartement de cinq pièces."

— Mon cher ami l'écrivain, pour une fois, on ne te demande pas d'écrire un roman, me rétorque-t-il en tirant de sa pipe une grosse bouffée. Tout se décide au montage. Tu ne peux trouver la première phrase sans avoir choisi la première image. Le ferais-tu que cela ne servirait à rien. »

Jacques a raison, le cinéma est une autre affaire. Je le sais bien, l'importance pour moi de la première phrase est liée à mes réflexes d'écrivain, à la valeur que j'accorde aux mots. Je dois m'en débarrasser au plus vite. Il faut que je construise la narration non avec des mots, mais avec des images. Il faut que je m'habitue à penser en images, à écrire en images. L'entrée sombre, menaçante, d'un tunnel. Ce serait la première image. Ensuite une locomotive, tous feux allumés. Le plan suivant montrerait les wagons, les voyageurs confortablement assis en train de lire des journaux ou de regarder par les fenêtres. Défileraient des visages soignés, de belles femmes aux tenues chatoyantes, noyées dans le flou multicolore de leur maquillage. Tous auraient l'air heureux, tout serait rassurant. Les occupants des voitures passant à toute vitesse évoqueraient chez le spectateur un monde confus, inaccessible, l'ivresse d'aller de ville en ville, de pays en pays. Ils feraient éprouver non pas la monotonie habituelle des voyages modernes, mais l'ancien enthousiasme mêlé tant soit peu à la tristesse de l'exil et des séparations. Puis un zoom sur l'entrée ténébreuse du tunnel. Nous reviendrons en gros plan sur la locomotive avec ses feux allumés. Le train disparaîtrait d'un seul coup dans l'obscurité. Le monde lumineux, insouciant, de tout à l'heure, s'estomperait, la magie du voyage serait anéantie. Comme si la foudre était tombée, et que la mort eût fauché un rêve verdoyant.

« Tu as raison, Jacques, dis-je à mon compagnon. Le cinéma est fait avant tout d'images. Le gros problème, c'est de pouvoir réaliser leur enchaînement non avec des mots, mais à travers le montage. »

Il sourit sous ses moustaches :

« Vieux, nous savons que tu enseignes à l'université ! Mais

donner des cours et faire des films n'a rien à voir. Tu n'as vraiment pas l'air de t'en douter.

— Écoute-moi d'abord, tu me critiqueras ensuite. »

D'un trait, j'explique à Jacques la succession des trois premiers plans.

« J'étais sûr que tu ne serais pas doué pour ce genre de travail, me dit-il de son ton moqueur. Vieux, tu as bien vite oublié le matériel dont nous disposons ! »

C'est vrai, nous n'avons pas pu filmer les voyageurs dans les wagons. Soudain, le soir était tombé alors que nous attendions le passage d'un train à l'entrée du tunnel. Nous avions réalisé plus tôt une prise de vue du tunnel et de l'avant d'une locomotive. Notre ingénieur du son avait enregistré le grondement des roues sur les rails. Mais, tandis que nous attendions le passage d'un deuxième train après avoir placé la caméra en haut d'un talus pour filmer l'intérieur des voitures, le soleil d'hiver avait brusquement décliné et la nuit était venue. Comment aurais-je pu savoir que nous allions être surpris par la nuit, qui en Alsace à cette saison tombe si vite, avant même que les eaux s'obscurcissent ! Une fois que l'éclairagiste nous eut conseillé d'arriver plus tôt le lendemain, Jacques avait décidé de renoncer à ce plan, faute de temps. Or, j'avais préparé un texte approprié et laissé pulluler dans ma tête des visions de voyages en chemin de fer. Jacques m'avait bien dit que, le tunnel le plus proche se trouvant à soixante kilomètres de Strasbourg, il fallait boucler en une journée toute la séquence du tunnel et du train. C'est un réalisateur intraitable qui ne revient jamais sur sa décision.

Maintenant, il établit une distance entre nous et voudrait, avec ses airs supérieurs, me tenir à l'écart du travail accompli ensemble. D'abord, il travaillerait seul au montage et, une fois son film terminé, il me demanderait d'écrire le commentaire de certaines scènes.

« Écoute-moi bien, Jacques. Tu es égoïste et prétentieux comme tous les cinéastes. Mais je n'ai pas l'intention de lâcher ce boulot. Nous ferons le montage ensemble.

— Et toi, me répondit-il en haussant le ton, tu es têtu et mythomane comme tous les écrivains ! »

Puis, se radoucissant :

« Si tu veux, bien sûr, tu pourras venir au studio. Mais tu ferais mieux de laisser agir seul le réalisateur. »

Je trouve inutile de lui expliquer que l'écriture est aussi un travail de montage, que le langage visé par l'emboutissement d'images n'est guère différent du discours littéraire fait de mots et que, en dépit de la diversité des matériaux utilisés, il y a une similitude de méthodes. Jacques a déjà vidé sa pipe, puis, l'ayant bourrée de nouveau, il a abaissé son fauteuil. Il va s'endormir immédiatement. Même s'il ne peut effacer d'ici à Paris la fatigue d'une semaine de tournage, il aura au moins récupéré un peu. Que lui importent les autres ? Osman, Emine, Aynur, Faruk, Aysel... Ce ne sont pour lui que des cas. Et pour moi ? Au terme d'une semaine de travail intense, je suis de nouveau avec eux.

« Osman et moi, nous aurions fait des plantations dans le jardin. Le sort en a décidé autrement », dit Mustafa.

André Thoraval, le représentant de l'office des HLM pour la localité de Biesheim, déclare :

« Finalement, nous avions attribué à M. Coci un appartement de cinq pièces. Je n'ai pas eu l'occasion de le revoir. »

J'ai l'impression d'entendre la voix d'Ibrahim l'épicier à travers des odeurs de viande séchée et de graines de pavot :

« Osman Coci venait de temps en temps à la boutique me confier ses peines. »

L'imam Hüseyin :

« C'était le destin de mon frère. Que Dieu garde en vie ceux qui restent. »

René Kohler, le directeur des Assedic :

« M. Osman Coci était inscrit chez nous, mais je ne l'ai pas connu personnellement. »

Claude Hermier, le responsable de la main-d'œuvre étrangère pour le Bas-Rhin :

« La loi est si explicite qu'elle ne peut prêter à contestation. Nous avons appris le drame par les journaux. »

Françoise Dupeyrat, la secrétaire du comité de soutien aux travailleurs immigrés :

« Les lois sont responsables de ce triste événement. C'est la bureaucratie française qui a tué la famille Coci. »

Le consul de Turquie à Strasbourg :

« Osman est tombé, victime du visa. Le gouvernement français devrait supprimer l'obligation de visa pour les Turcs. »

Fixant sur nous ses grands yeux verts, Aynur dit :

« Les trains sont fous, ils m'ont volé mon papa. »

Faruk dit :

« Les trains m'ont volé ma maman, mon frère et ma sœur, moi, je les déteste. »

Et Aysel ne dit rien. Elle ne desserre pas les dents. Elle n'arrête pas de trembler sur son lit d'hôpital. Osman Coci, lui aussi, se tait. Emine, Omer et Gülnur ne disent rien non plus. Mais Mustafa dit :

« Osman était plus qu'un frère pour moi. Je n'ai pu retenir mes larmes quand j'ai lavé son cadavre. Osman, le costaud, notre champion de lutte, n'était plus qu'un tas de chair déchiquetée. »

Un fonctionnaire de la préfecture de police de Strasbourg :

« Les enfants sont chez leur oncle pour le moment. Mais nous ne pourrons leur donner des permis de séjour. »

« Non, ce serait illégal », renchérit sa collègue.

Puis, hochant la tête avec coquetterie, elle se remet à taper à la machine.

Le consul de Turquie :

« Leur oncle, l'imam Hüseyin, est prêt à les adopter à condition que les autorités françaises l'acceptent. »

« Les enfants doivent être renvoyés en Turquie, tranche une voix métallique, habituée à citer les lois. Selon la législation française en vigueur, la présence des enfants ici est pour nous inacceptable. »

On refuse aux enfants le droit d'exister. Or, moi, je les ai vus, ils étaient bien réels. Le visage d'Aysel était tout jaune sur le lit. Aynur jouait à chat perché dans la rue. Faruk nous a demandé une bicyclette. Nous la lui avons promise pour une autre fois. Mais nous ne reviendrons plus à Strasbourg. Notre travail est presque fini. Nous avons achevé le tournage et transformé chaque enfant en du matériel visuel. Et si ce n'était que les enfants ! Nous avons entassé sur quelques mètres de pellicule Mustafa, l'ami d'Osman Coci, un travelling sur le quartier des HLM de Biesheim, l'imam Hüseyin, l'oncle des enfants, les canaux, les ruelles de Strasbourg où Coci a gâché sa vie, et même les murs rouille de la cathédrale. Et tant d'autres choses encore ! Les yeux d'Aysel, telles deux olives noires, qui regardent avec épouvante les versets à demi estompés d'un Coran dont les feuilles tombent en poussière, le visage empreint d'humilité de l'imam Hüseyin pendant qu'il récite à la mosquée la sourate liminaire… Nous avons également sélectionné aux archives quelques clichés de la steppe… des maisons aux toits en pisé, des gamins jouant au cerf-volant sur une aire de battage, le visage triste d'une femme qui tire de l'eau à un puits. Et aussi des champs, des montagnes solitaires. Des lieux d'embauche de journaliers agricoles, des camions, des charrettes, des ânes éreintés et malades. Nous avons aussi des photos de peupliers agités par le vent pour servir de décor aux paysages humains de la steppe anatolienne. Des trembles, des tracteurs parés comme des mariées, le sol crevassé, un arbre isolé dans la plaine, nous avons désormais sous la main tout ce qui pourra rappeler l'univers d'Osman Coci, même les plus récentes chansons d'exil. Après, ce sera facile. Jacques réunira l'ensemble et en fera le mixage. En présentant aux téléspectateurs français l'incroyable aventure d'une famille ouvrière turque, la fin tragique d'Osman Coci, de sa femme Emine, de leurs enfants Omer et Gülnur, il essaiera d'éviter toute approche mélodramatique et larmoyante. L'essentiel pour lui sera de retracer le parcours de la famille Coci, depuis un village de la steppe anatolienne jusqu'au tunnel du Fréjus, à la frontière franco-italienne. Ensuite, après en avoir expliqué les causes économiques et sociales, de dégager l'éventuelle part de responsabilité des autorités françaises. Enfin, si tel est le cas, de critiquer la France, berceau des droits de l'homme, sans trop s'appesantir toutefois, car on ne peut à la télévision traiter des problèmes des immigrés que dans des limites bien précises.

Mais, moi, je pense à toi, Osman. Je pense aux cités que pendant dix ans tu as construites en tant que maçon, aux maisons spacieuses que tu n'as pu habiter. Une rivière coule entre les montagnes. « La mort par Dieu seul est décrétée / Ah ! si nous n'avions pas été séparés ! »

Une rivière coule au fil des ans et des séparations. J'imagine ta solitude à Strasbourg, dans une chambre glacée sous les toits. Les maisons, les pièces qui ont gardé la trace de tes mains d'Anatolien dans leurs murs éclatants de blancheur. Une rivière, qui n'est pas paisible comme celles de France, roule ses mots impétueux et troubles en écumant au pied de versants abrupts. Une rivière qui, t'ayant arraché à ton village, à ta terre, te livra à la solitude d'une mansarde strasbourgeoise, aux parcs ensoleillés des dimanches, à l'étrangeté bleu, vert et rouge des manèges déserts. Une rivière fantasque qui ravit à la steppe ta femme et tes enfants, les charria jusqu'à un bidonville d'Istanbul où elle les déposa comme un limon dans une masure à la peinture écaillée et aux carreaux brisés, sans plus jamais s'en préoccuper. Il faut que je parle de cette rivière.

« Jacques, si nous commencions par montrer une rivière ? Ensuite, une voix off : “La mort par Dieu seul est décrétée / Ah ! si nous n'avions pas été séparés !” C'est le refrain d'une chanson anatolienne. Qu'en dis-tu ?

— Ce serait trop lyrique, vieux ! Notre but n'est pas de faire pleurer les Français, mais de dénoncer les responsables, s'il y en a. Nous n'avons tout de même pas préparé un tel scoop pour des prunes ! »

Jacques se moque bien d'Osman ! L'isolement des immigrés, leur sentiment d'abandon, il n'en a rien à faire ! C'est avant tout un journaliste, un chasseur à l'affût. Mais moi, dans le train Strasbourg-Paris, je pense à toi, Osman ! Dehors, le monde s'écoule. Passent des maisons, des rues, des ponts. Les eaux vont bientôt s'assombrir, le soir tombera. Un soir de France si différent de ceux de ton village. J'imagine tes soirées d'exil. Les froides soirées de Strasbourg. La lumière morne que tu allumes tandis que la neige tambourine contre la vitre. Le thé qui infuse sur le réchaud, la vue du pont du Bosphore accrochée au mur. Et dans le coin, au-dessus du lit, la photo des enfants. Devant, les filles se tiennent par la main, les garçons sont derrière avec leur mère. Ils contemplent le vide, la chambre désolée. Je pense à toi, Osman ! Aux feux que tu allumais jadis sur la steppe, aux jeunes villageois avec lesquels tu combattais, aux étoiles qui emplissaient d'un seul coup l'univers quand s'allongeaient les ombres. Puis à la lumière de ta lampe de poche dans le tunnel. Elle fouille les ténèbres, éclairant les parois humides couvertes de suie. Tu marches, et la lumière avance avec toi. Tu la braques sur les traverses des rails et, de temps à autre, sur Emine et les petits, qui t'emboîtent le pas, accrochés aux jupes de leur mère. « Allons, mes enfants, nous sommes presque au bout ! » dis-tu pour les encourager. Chaque fois qu'un train passe, vous vous plaquez contre le mur. Aussi vos mains sont-elles noires de suie. Mustafa a déclaré qu'en faisant votre toilette mortuaire il n'avait pu décrasser à fond aucun de vous.

J'avais les oreilles qui bourdonnaient à notre arrivée à Paris. Alors que nous attendions un taxi devant la gare, Jacques sortit un papier de la poche intérieure de sa veste et me le tendit :

« Tu t'es fatigué pour rien, vieux ! Tu peux écrire à ta guise le drame de la famille Coci. S'agira-t-il d'un chant funèbre, d'une nouvelle ou d'un roman, je ne veux pas le savoir. Mais, pour le film, nous utiliserons ce texte. »

Voilà ce qui était écrit sur la feuille qu'il m'avait donnée à relire :

> Osman Coci était originaire d'un village anatolien. Il avait émigré à Istanbul avec sa famille, puis, ne trouvant pas de travail là-bas, il était parti en France. Pendant dix ans, à Strasbourg, il travailla comme maçon sur des chantiers. Sa demande pour faire venir auprès de lui sa femme Emine, ses enfants Aysel, Gülnur, Aynur, Faruk et Omer fut acceptée, et la municipalité de Strasbourg lui attribua dans une cité un appartement de cinq pièces, à condition qu'il y résidât avec sa famille. Mais M. Coci, au moment où il allait réaliser son vieux rêve, se retrouva sans travail. Du même coup, il perdit le droit de faire venir légalement sa famille, bien qu'on lui eût fourni un logement. Le gouvernement français ayant refusé des visas aux siens, Osman décida de pénétrer illégalement en France par la frontière italienne, avec femme et enfants. Les plus jeunes, Aynur et Faruk, franchirent la frontière cachés dans la malle arrière de la voiture de Mustafa, un ami de village d'Osman, qui, comme lui, était maçon à Strasbourg depuis dix ans. Les membres restants de la famille, le père, la mère et trois de leurs enfants, pénétrèrent dans le tunnel du Fréjus après s'être munis

de provisions. Comme vous le savez, ce tunnel a douze mille cinq cents mètres de long et constitue la frontière où le trafic ferroviaire entre la France et l'Italie est le plus intense. Mustafa attendait Osman Coci et sa famille à la sortie du tunnel, en compagnie d'Aynur et de Faruk. D'après sa propre déclaration, une lumière apparut dans l'obscurité au terme d'une très longue attente. Aynur et Faruk s'en réjouirent beaucoup. Ils allaient bientôt retrouver leur frère et leurs sœurs. Mais, au même moment, un train se dirigeant vers l'Italie faucha la famille Coci à cinq cents mètres de la sortie du tunnel. Seule Aysel a survécu à l'accident. Vous allez maintenant suivre l'enquête menée à Strasbourg par notre équipe afin de faire toute la lumière sur ce drame.

Né en Turquie en 1951, ***Nedim Gürsel*** *est l'auteur d'une trentaine d'ouvrages, romans, nouvelles, récits de voyage, essais. Lauréat de plusieurs grands prix littéraires, dont le prix France-Turquie, il occupe une place primordiale dans la littérature de son pays et son œuvre est traduite dans de nombreuses langues. Il vit à Paris, où il est directeur de recherche au CNRS et enseigne à l'École des langues orientales.* ***Anne-Marie Toscan du Plantier*** *a traduit cette nouvelle.*

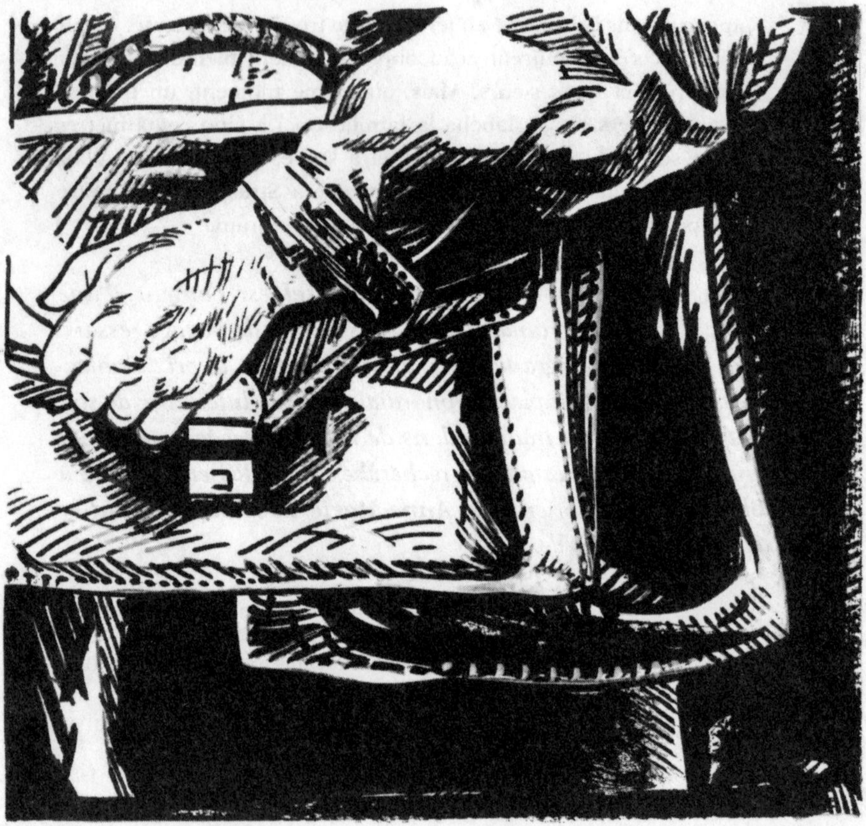

La fierté d'un chef

C'était l'époque où le Berlin-Paris transportait des milliers de permissionnaires des Forces françaises en Allemagne. Il faisait un arrêt à Strasbourg, où je le prenais vers 22 heures, une fois par semaine. Un train de nuit, moins cher que les autres. Il était bondé, et largement, gaiement, paillardement, vomitoirement alcoolisé. C'est dans un de ces trains qu'une jeune femme m'a une fois demandé de « l'accompagner aux toilettes », je veux dire qu'elle m'a demandé de passer pour son petit ami afin de lui éviter les gestes et réflexions qui auraient immanquablement accompagné son déplacement dans un couloir encombré de sacs, de joueurs de cartes et de buveurs de vin, de bière et de Pernod. Le train marquait un bref arrêt à Lunéville. Il redémarrait quand le chef de gare avait levé son drapeau et donné son coup de sifflet. Mais la rencontre d'un chef de gare et d'une masse de soldats avinés ne pouvait être que lourde d'événement. Il eut lieu cette nuit-là sous la forme d'une belle montée de chant choral, le très classique *Il est cocu, le chef de gare*.... D'ordinaire, ce genre de chose ne prêtait pas à conséquence ; mais ce soir-là, allez savoir pourquoi, le chef de gare de Lunéville prit la mouche. Campé au milieu du quai, il se mit à engueuler la masse des choristes, qui n'en reprit son chant que de plus belle ; à quoi le chef réagit par une réaction de chef : « Ah, vous allez voir s'il est cocu, le chef de gare ! Le chef de gare, il vous emmerde ! »

Sa façon d'emmerder se concrétisa aussitôt par le refus de siffler le départ. Il fallut un bon quart d'heure aux officiers présents dans le train et à leurs escouades de policiers militaires pour faire taire le chœur à coups de gueule et de matraque. Le silence obtenu, le chef consentit à lever son drapeau et à siffler, accompagné, dès qu'il l'eut fait, par un chœur auquel le silence imposé avait permis de reprendre des forces considérables. J'aimerais pouvoir dire que le départ se fit sur fond de bruits de bielles et d'échappements de vapeur, mais je n'ai pas le souvenir précis que le train fût encore tracté par une des magnifiques Mountain 241 qui furent longtemps l'orgueil de la ligne.

***Hédi Kaddour** est écrivain. Il vit à Paris. Il est l'auteur de* Waltenberg *(Gallimard, 2005, prix Goncourt du premier roman),* Savoir-vivre *(Gallimard, 2010) et* Les Prépondérants *(Gallimard, 2015, prix Valery-Larbaud et Grand Prix du roman de l'Académie française).*

La visite

Ils arrivent tous les deux devant l'Élysée.

On voudrait voir le Président, s'il vous plaît.

C'est impossible, etc.

Après un moment, vu la situation exceptionnelle, la grève dure depuis deux mois et demi, ils sont admis.

Couloirs et couloirs. Dorures et plafonds. Miroirs.

« Franchement, j'aime pas, dit Yacine.

— Moi non plus. Habiter là-dedans... » dit Pierre.

On les fait attendre dans un petit salon. Fauteuils Louis XV.

Le Président se présente.

Ils le regardent.

Il attend.

Ils le regardent.

Il sourit, pas gêné.

Assez content, même.

Il a vraiment l'air très jeune. Il ressemble à ses photos.

Ils le regardent.

Au bout de cinq minutes, il leur dit, toujours souriant :

« Alors ? »

Ils répondent : « Alors rien. »

« On voulait vous voir, dit Pierre.

— Vous n'avez rien à dire ?

— On voulait vous voir », dit Yacine.

Il s'énerve un peu.

« Me voir, me voir.

— Oui, vous voir. »

Encore un silence.

« Vous voulez me parler de la grève ? »

Silence. Ils le regardent.

Au bout d'un moment, il hausse les épaules :

« Vous êtes fous.

— Probablement, mais le plus fou, c'est encore vous », dit Pierre.

Un silence. Ensuite :

« Comment vous avez pu dire : "Je ne peux pas avoir, d'un côté, des agriculteurs qui n'ont pas de jour férié et n'auront peut-être pas de retraite", et dire : "Le statut des cheminots, il ne faut pas le changer."

— Je l'ai dit et je le redirai.

— Mais c'est complètement fou, de parler comme ça, dit Yacine.

— Pourquoi ? Si je veux ?

— "Je ne peux pas avoir", dit Pierre, mais c'est qui ce "je" de votre je-ne-peux-pas-avoir ? Comment vous pouvez dire "je" ? C'est fou. Vous n'êtes personne, vous. Vous êtes le Président élu par nous. Payé par nous. Comment vous pouvez dire "je" comme ça ? Vous vous prenez pour qui ?

— Sérieusement, pour qui vous vous prenez ? dit Yacine.

— C'est une façon de parler.

— Et "avoir" ? dit Pierre. Je rêve. Vous "avez" des cheminots ? Vous "avez" des agriculteurs ? Vous jouez à quoi ? On dirait que vous déplacez des pions sur un échiquier... Vous surplombez le terrain, vous avez des joueurs... Mais les gens agissent, font leur vie...

— C'est une façon de parler.

— Mais c'est bien ce qu'on vous reproche, dit Yacine. Vous avez une façon de parler qui ne va pas du tout du tout. Qui montre ce que vous pensez, ça oui, ce que vous pensez des gens, de nous, et de vous. Vous "avez" des agriculteurs et des cheminots comme d'autres ont des footballeurs peut-être...

— Et pour faire quoi ? dit Pierre. Vous opposez les gens les uns aux autres, vous faites comme si les uns étaient privilégiés, ils ont un statut, et les autres, non.

— Mais c'est vrai.

— Je vous dis, je rêve, dit Pierre...

Ce statut, il a été gagné, il n'est pas tombé du ciel. Et l'égalité, celle qu'on veut, c'est pas par le bas. C'est par le haut. Alors que pour vous il faudrait que ceux qui ont plus se contentent de moins, puisque d'autres ont moins. "Même si tu l'aimes pas, mange ta soupe, il y a des enfants en Afrique qui n'ont rien à manger."

— Nous, ça nous est resté là, vos propos, dit Yacine. On aurait presque envie de vous prendre en otage...

— Et qu'est-ce que vous allez faire, pour ces agriculteurs qui n'ont pas un jour férié ? dit Pierre.

— On va voir.

— On verra rien du tout. Vous les utilisez pour parler, c'est tout.

— C'est dégoûtant, dit Yacine.

— Vraiment dégoûtant », dit Pierre.

Ils s'en vont.

4 avril 2018

Depuis L'Excès-L'Usine *(1982),* ***Leslie Kaplan*** *publie des récits, des romans, des pièces de théâtre, des essais. Récemment :* Millefeuille *(2012),* Déplace le ciel *(2013),* Mathias et la Révolution *(2016),* Mai-68, le chaos peut être un chantier *(2018).*

Rupture

« *Gare, ô double porte ouverte*
sur l'immensité charmante de la terre. »
Valery Larbaud,
Les Poésies de A. O. Barnabooth

La difficulté, quand il faut finir, est de commencer. Et plus le temps passe, plus le train s'éloigne à grande vitesse de Paris, plus les mots se retranchent loin en amont de la gorge d'Emmanuelle. Il le faut pourtant, il faut qu'elle ouvre la bouche, qu'elle expulse les trois crapauds sur la tablette qui la sépare de Christophe, les trois mots qu'elle a laissé grossir et qui l'étouffent.

Je

Déjà, la double rame glisse dans la houle des collines qui enfle doucement à l'approche du Creusot.

Te

L'herbe plus verte, la pierre plus ocre. Vas-y, crache.

Quitte

Je te quitte, mon pauvre Christophe, je vais te quitter, je m'en vais, je t'ai déjà quitté, regarde comme je suis loin.

Elle n'y arrive pas. Les crapauds enflent dans sa gorge, le train cisaille à grande vitesse la campagne vert pomme, Christophe contemple sa femme avec de grands yeux pleins d'on ne sait quelle tristesse, comme s'il savait déjà. Il voudra des explications, mais il n'y a rien à expliquer. Rien d'autre à dire, Christophe, je te quitte, c'est tout. Rien à te reprocher, non, et je ne peux même pas dire que je ne t'aime plus.

Je pourrais te parler de Paul. Je ne le ferai pas. Je n'ai pas envie de te faire souffrir. Au moins te laisser dans l'ignorance de ton *infortune*, comme on dit. Paul, que je vais rejoindre tout à l'heure en gare de Lyon, en te laissant continuer vers Marseille, où tu pourras pleurer dans le giron accueillant de notre amie Liliane, la petite sœur des cœurs en berne. Depuis tant d'années, tu te contentes de cette triste pitance conjugale qui nous rassemble à heures fixes, Christophe. Depuis tant d'années, tu trouves dans l'autosuffisance du dispositif matrimonial une satisfaction qui ne te trompe même pas. Il y a mille fois plus de vie dans mes colères maladroites et sans lendemain que dans ton perpétuel sourire, ce génie que tu as de ne rien trouver grave, cette sérénité légèrement sarcastique qui te vaut tant de louanges et tant d'amitiés. Je te quitte parce que je crois encore, moi, à une possible surprise, à une vie qui ne se résume pas à l'attente de la mort. Paul n'est pas meilleur que toi, je ne suis même pas sûre de l'aimer vraiment, mais il ne m'empêche pas de croire que je peux encore me surprendre.

Emmanuelle a rencontré Paul à Lyon. Elle y vient seule pour voir ses parents un week-end par mois depuis son mariage avec Christophe. Des amis de ses parents donnaient une fête à l'occasion de la réussite d'un de leurs fils à un concours, c'est là qu'elle a rencontré Paul.

Christophe se moque volontiers de la piété filiale qui anime sa femme, cette dévotion qui la pousse à se rendre à Lyon de plus en plus fréquemment à mesure que ses parents vieillissent.

En vérité, Emmanuelle leur accorde des visites de plus en plus brèves et court rejoindre Paul dans son appartement de la rue du Repos.

Non, elle ne parlera pas de lui. Elle ne veut pas de discussions, pas de palabres éplorées. C'est pour cela qu'elle a choisi ce jour. Le voyage chez Liliane et Alain à Marseille, qui les fait passer par Lyon, a fourni l'occasion de sauter le pas. Paul l'attend à la gare de la Part-Dieu, sur le quai, en tête du train, de façon à éviter que Christophe le voie. Il a déjà dû quitter son appartement, il est peut-être en train de prendre un café au buffet.

Trois mots suffisent, une porte se ferme. Mais qu'ils sont durs à dire.

Ils se regardent, mari et femme, comme s'ils ne s'étaient jamais vus. Et au moment précis où Emmanuelle va ouvrir la bouche, c'est Christophe qui se décide à parler.

« Je te quitte, Emmanuelle. Je t'ai déjà quittée, je suis loin, je t'en prie, ne dis rien, laisse-moi parler. C'est la peur qui nous a maintenus ensemble si longtemps. Peur de changer, peur d'aller vers ce qui nous appelle. Ce n'est pas que je ne t'aime plus, mais je ne veux plus du frichti routinier, de la tendresse tiède, nous n'avons pas l'âge de renoncer. Nous valons mieux que ce que nous nous donnons. J'ai choisi ce train pour te le dire, afin d'éviter les discussions et les larmes. Je ne reviendrai pas en arrière. La vérité, c'est que Liliane et Alain ne nous attendent pas à Marseille. J'ai décidé de passer quelques jours en Corse, seul. Je te demande de descendre à Lyon, tu seras mieux auprès de tes parents. Je passerai prendre mes affaires à la maison dans une semaine. »

Christophe a décidé de ne pas tout dire. Il ne veut pas blesser inutilement Emmanuelle. À quoi servirait de lui annoncer qu'il part en Corse avec Claire, qui est montée à Paris dans le même train qu'eux ? Elle est installée dans la voiture de queue. Ils ont prévu de se rejoindre à Lyon, une fois Emmanuelle descendue. Refuser la tentation de se sentir coupable. Après tout, c'est aussi une chance pour elle, la possibilité de recommencer quelque chose.

Emmanuelle s'est rejetée en arrière contre le dossier de son siège, les yeux écarquillés, les mains crispées sur les accoudoirs. Leurs regards ne se quittent pas.

Elle dit ce qu'elle a à dire. Christophe n'a pas l'air si surpris.

À Lyon, Emmanuelle descend précipitamment du train, sac de voyage en bandoulière. Elle court vers le bout du quai où Paul doit l'attendre.

Il n'est pas là.

Pendant ce temps, Christophe se hâte vers la voiture de tête, où Claire doit être assise à la place 27.

Elle n'y est pas.

Le train redémarre. Lorsque Christophe revient à sa place, tremblant, il voit qu'Emmanuelle est revenue à la sienne. Il s'assoit.

Ils ne se regardent pas. Emmanuelle sort un livre de son sac. Lui ferme les yeux, on dirait bien qu'il va dormir.

Jean-Marie Laclavetine *est né à Bordeaux en 1954. Romancier, nouvelliste, il est membre du comité de lecture des éditions Gallimard depuis 1989. Parmi ses ouvrages :* Première Ligne *(prix Goncourt des lycéens), ou* Le Rouge et le Blanc *(Grand Prix de la nouvelle de l'Académie française). Son dernier roman,* Et j'ai su que ce trésor était pour moi, *est paru chez Gallimard en 2016.*

Mémoire vive

Elle remue la touillette dans son gobelet et déguste le chocolat Valrhona offert avec le café par le serveur du wagon-bar. Il lui reste tant d'images de notre voyage : la vieille péniche bleu turquoise à l'abandon sur le canal de Kreuzberg, ce café associatif à Prenzlauer Berg, où nous avons longuement évoqué l'ex-RDA avec un vieil Américain, qui n'arrêtait pas de maugréer : « Quoi qu'il en soit, le communisme est mort », le mémorial de la Shoah, le lac où un homme nu d'une cinquantaine d'années se séchait méthodiquement les fesses et le sexe à l'aide d'une petite serviette beige tout en conversant avec un jeune couple habillé, ces passantes, ces belles et vieilles passantes aux longs cheveux blancs noués en queue de cheval…

Elle s'interrompt, comme si quelqu'un, dehors, l'avait hélée, et pose sa main bien à plat sur la vitre du train, les doigts écartés.

« C'est drôle, dit-elle, sans quitter le paysage du regard, avant, quand on voyageait en train Corail, il me semblait que le décor tenait dans ma main, les maisonnettes me glissaient entre les doigts, les arbres venaient se loger dans ma paume… On pouvait même distinguer les visages dans les voitures arrêtées au passage à niveau ; maintenant, regarde ! Des champs, des ponts, des rails. On va de lignes géométriques en horizons vides. Il n'y a plus personne. Où est-on ? Est-ce qu'on a passé une frontière ? Est-ce que la zone est habitée ? Avant, en train, on conservait les mêmes repères qu'en voiture. On parvenait à déchiffrer les panneaux des autoroutes qu'on longeait. Alors que là… On traverse un espace intermédiaire entre la terre et le ciel. Rien que des lignes et le bruit du vent, de la vitesse. C'est beaucoup plus beau, ces abstractions. J'aime beaucoup les *no man's land* ! » conclut ma mère en ouvrant et en fermant lentement ses doigts sur la surface de la fenêtre.

Nous retournons à nos places, quand une annonce retentit en allemand, en anglais, en français : « Notre train circule actuellement avec vingt minutes de retard. Nous mettons tout en œuvre pour rattraper ce retard et vous prions de bien vouloir nous excuser… » Ma mère pouffe. « L'autre jour, aux informations, ils ont consacré un reportage à un train qui est resté arrêté plusieurs heures en pleine campagne, sans pouvoir repartir, une panne technique, les passagers étaient majoritairement des vacanciers. Ils n'étaient donc pas très pressés. Eh bien, on leur a offert des plateaux-repas pour leur peine. Et des bouteilles d'eau. Et même des couvertures de survie pour la nuit. La journaliste interrogeait des voyageurs, s'enquérant de leur état… »

Ma mère me regarde, manifestement déçue de mon manque de réaction.

« Des couvertures de survie, me répète-t-elle en articulant exagérément, de *sur-vie.* »

Elle éclate de rire, notre voisine sursaute et pose son magazine d'un geste agacé, elle fronce les sourcils en nous dévisageant, le rire de ma mère et la couverture de survie s'entrechoquent en un chaos qui menace l'atmosphère compassée de ce compartiment, alors je détourne prestement l'attention de ma mère : sait-elle qu'aux États-Unis les trains sont aussi lents qu'en Roumanie ? Mais si, vraiment. Par exemple, entre Montréal et New York…

« Tu voyages tellement, murmure ma mère. C'est tellement normal pour toi. Tu montes dans le train, t'y installes, tu travailles dans les trains, tu râles s'ils ont du retard, tu connais les menus du TGV par cœur. Tiens, je garde tous tes SMS, il y en a des dizaines, il n'y a que le nom de la ville qui change, regarde : “Chère maman, je pars au salon du livre de Bordeaux/Grenoble/Londres/Genève. Le train est en retard/plein d'enfants insupportables...” »

Sans attendre que je lui réponde, ma mère ferme les yeux, la nuque adossée au dossier du siège inclinable. Elle soupire.

« Ça va, maman ?

— Oui, bien sûr... Comment serait-il possible de ne pas aller bien dans ce train ? Ces sièges sont si confortables, on nous présente des excuses pour un retard que je n'ai pas remarqué, on nous offre du chocolat. Est-ce que tu aurais un stylo à me prêter ? »

Je lui tends un crayon égaré au fond de mon sac et rouvre mon livre abandonné sur la tablette, la page est frappée de mots, un paysage blanc semé de signes noirs dont aucun ne retient mon attention ; du coin de l'œil, j'observe ma mère, mais je sais déjà ce qu'elle est en train de faire : elle griffonne sur la dernière page de son quotidien. Si elle n'avait pas acheté *Le Monde*, elle m'aurait demandé une feuille de papier. Ou un ticket de métro usagé.

Ma mère a passé un pacte avec le temps. Ses cheveux ne blanchissent pas. C'est une fillette qui s'émerveille de toucher du bout des doigts les décors successifs d'un paysage devenu trop rapide, les rails glissent sur sa paume ouverte, ils avancent à grands traits sur la peau fine de sa main. Elle affirme souvent qu'elle n'a aucun souvenir, de rien ; pas même de sa toute petite enfance, cachée pour échapper aux rafles anti-juives des nazis, ballottée d'une famille de protestants, dans les montagnes près de Grenoble, à une autre famille, dans un village voisin, lorsque les premiers ont été dénoncés à la police par leurs voisins. Lorsqu'il m'arrive de la questionner – comment a-t-elle réussi à ne jamais se tromper de nom, elle qu'on a rebaptisée à l'âge de trois ans d'un nom français, avait-elle conscience de ce qu'elle risquait ? – elle a ce geste sans appel de la main, que je la laisse en paix, elle n'a rien à dire, il n'y a que les vieux pour larmoyer sur leur enfance. Elle n'a aucune nostalgie de ce qui a été.

Le temps ne reprend le dessus que lorsque ma mère doit s'y soumettre, le laisser passer, comme dans les trains, par exemple, ou au téléphone, face à un interlocuteur trop disert. Alors, elle se met à dessiner sur un cahier, un journal, une serviette de table. Le rituel est immuable : d'abord, elle esquisse une couronne de feuillages, puis quelques fleurs rondes. En leur centre, des lettres. Liées, soulignées, ombrées, raturées. Ida, Sarah, Aliocha. Ma mère écrit leur prénom de toutes les manières. Sarah. Ida. Aliocha. Elle trace les contours de la mémoire, leur offre ce qu'ils n'auront jamais, elle écrit et réécrit ce qui n'existe sur aucune pierre, aucune stèle, nulle part.

Sarah. Ida. Aliocha. Une écriture minuscule pour des vies d'enfants sans sépulture, de toutes petites vies commencées dans un village de Russie et achevées dans un wagon à bestiaux, entre deux gares imprécises, avant même leur arrivée à Auschwitz.

Elle replie le journal. Une nouvelle annonce sonore propose des boissons chaudes à moitié prix au bar. Ma mère pose sa main sur la mienne. On a fait un très beau voyage. À son âge, quand même, n'être jamais allée à Berlin, c'était dommage, ça ne pouvait pas durer.

***Lola Lafon** a publié cinq romans, dont* La Petite Communiste qui ne souriait jamais *(Actes Sud, 2014), qui a été récompensé par plus de dix prix et traduit dans treize langues. Son dernier roman,* Mercy, Mary, Patty *(Actes Sud), est paru en septembre 2017. Elle est également musicienne et a sorti deux albums, en 2007 et 2011.*

La minute 24

Chaque matin, toute l'année, dans la nuit trouée de lumières couchées, dans la bleuité de l'aube, sous les rayons obliques du soleil levant qui vient t'éblouir et dorer la surface de la vitre, tu t'assois dans ce train pendant trois quarts d'heure, près de la fenêtre, toujours, pour n'avoir pas à replier les jambes quand quelqu'un s'installe ou se lève, pour être tranquille, en un mot, pour ne pas être emmerdé, si on veut le dire autrement, parce que c'est au travail que tu vas, et ce travail que tu as choisi, en quelque sorte, par tes études d'ingénieur en génie mécanique, ce travail dont tu as rêvé, peut-être, quand à vingt et quelques années tu voulais gagner de l'argent, épouser une jolie fille et faire deux ou trois enfants et vivre à la campagne dans une grande maison, tiens, avec une piscine, et des bois au fond du jardin pour espérer y voir passer au petit matin l'élégance d'un chevreuil, ce travail grâce auquel tu as gagné tout cela, tu as mérité tout cela, n'ayons pas peur des mots, ce travail, tu ne l'aimes plus.

Tu ne sais pas bien pourquoi, d'ailleurs. Sans doute parce qu'il ne t'apporte plus rien que tu ne possèdes déjà, ces choses dont tu rêvais à vingt et quelques années, probablement parce qu'il ne te procure plus aucun plaisir, ni celui du travail bien fait, cette fierté séculaire du travailleur, de l'ouvrier, toujours flattée par les patrons et les maîtres comme on flatte le cul robuste d'un cheval ou d'un bœuf et jamais rétribuée à sa juste valeur, ni le sentiment de camaraderie que tu as connu à tes débuts, cette solidarité qui émergeait encore de temps en temps quand les dirigeants de la boîte poussaient un peu loin le bouchon en termes de rendements, de productivité, comme ils disent, ou bien rechignaient à la moindre augmentation de salaire, tu te rappelles ces journées de débrayage, ces assemblées dans la cour, ces discussions, ces conversations, oui, c'est le mot qui convient, où les gens faisaient connaissance, apprenaient à se parler et à plaisanter ensemble et s'apercevaient qu'ils partageaient plus d'idées, d'opinions, de loisirs, qu'ils ne le croyaient, habituellement le nez dans leur guidon à suivre leur ligne blanche.

Tu regardes parfois ces reportages sur le parcours édifiant de gens qui ont changé de vie, qui ont balancé par-dessus les moulins leur confort et leur métier pour devenir boulanger ou se lancer dans l'élevage bio de chèvres ou bien encore, stade suprême de l'audace et du courage, qui ont fondé une start-up sur le Net pour vendre de l'air à des cons qui n'ouvrent plus leurs fenêtres. Tu te prends parfois à rêver devant ces réussites qu'on te donne en exemple et tu te sens un peu coupable, c'est fait pour ça, de t'ennuyer ainsi, de macérer dans ton jus, puisque le bonheur, la réussite ne sont que des questions de volonté. Malheur aux frustrés, aux aigris, aux pauvres, à tous ces sinistrés volontaires qui s'abandonnent aux passions tristes. Alors, tu te lèves de ton canapé et tu regardes par la baie vitrée le soir qui tombe sur le jardin, le charme doucereux du crépuscule et tu entends ta cadette, seize ans, bouleversée par les misères du monde, écorchée vive par les injustices, t'appeler depuis sa chambre où elle ne comprend rien à ses exercices de maths.

Tout à l'heure, tu rejoindras la centaine que vous êtes désormais à vous accrocher, à serrer les dents en espérant que la boîte tiendra encore quelque temps puisqu'on parle de reprise, puisque les carnets de commandes sont pleins, et tu salueras tes collègues, vous échangerez les rituels commentaires sur l'actualité, le sport, la série géniale, forcément addictive, que tel ou telle suit assidûment sur une plateforme à la mode, les risques d'attentat, t'as vu encore hier soir ces types qu'on a arrêtés, qu'est-ce qu'on attend pour les foutre dans des camps et les expulser, putain, avec moi, ça serait vite fait... À ce moment, tu t'éloigneras vers ton bureau puis tu reprendras les dossiers d'hier pour préparer ceux de demain, tu replongeras dans cette réalité si familière dont tu te sens plus éloigné chaque jour, ainsi que de ces gens que tu connais depuis des années, dont tu peux apprécier, même, certaines qualités, la loyauté, l'humour, mais dont tu apprendrais la mort soudaine, te semble-t-il, sans la moindre émotion.

Pour l'instant, tu es dans le train, et tu profites de ces trois quarts d'heure de solitude, appuyé contre la vitre brouillée de pluie. Entre tes pieds, tu as posé un mince cartable contenant deux brochures emportées hier soir par acquit de conscience, que tu n'as même pas ouvertes, et un livre, un roman noir situé en Louisiane, commencé la semaine dernière, que tu reprends chaque fois avec le plaisir de retrouver les ciels mauves sur le golfe du Mexique, à l'approche des orages, ou les odeurs de fleurs et de pourriture montant du bayou. Tu l'ouvriras tout à l'heure, pour les vingt dernières minutes, quand tu en auras assez de les voir tous, dans le wagon, penchés sur leur téléphone, des écouteurs aux oreilles, ou bien plongés dans une feuille publicitaire gratuite qui emballe une actualité prédigérée. Tu pourrais fermer les yeux, ou somnoler. D'autres le font, bouche ouverte, tête renversée en arrière, ou bien le menton sur la poitrine, sursautant parfois pour regarder autour d'eux s'ils n'ont pas manqué leur arrêt.

Tu ne lis pas, tu ne dors pas. Tu restes dans cette bulle que tu es seul à savoir autour de toi, une sorte d'ultime refuge que tu te sens capable de défendre par la violence contre toute intrusion.

Tu guettes. Tu attends. C'est à la minute 24 de ton trajet du matin. Tu t'es surpris à mesurer ça, un jour. Tu as vérifié par la suite. La minute 24. Chaque matin.

Tu regardes ta montre.

Encore trois minutes.

Chaque matin, chaque soir depuis six mois qu'ils se sont installés, tu te tournes vers eux et tu les observes, autant que la vitesse le permet. Parfois, des enfants sont accrochés au grillage et agitent la main vers ces fenêtres éclairées, ces silhouettes sombres qui passent dans ce fracas martelé, au-dessus d'eux sur le talus où a été construite la voie. Tu parviens à isoler, l'espace d'une demi-seconde, un visage effaré, une bouche ouverte sur un cri, un corps frêle, jambes nues plantées dans des bottes en caoutchouc.

Tu ne sais pas si d'autres dans le train prêtent attention à ce campement de caravanes posé en contrebas de la voie ferrée. Un jour, un vieil homme qui voyageait en face de toi, dans le sens inverse de la marche, a regardé cela avec stupeur, s'est penché un peu pour mieux voir, puis a secoué la tête sans rien dire, en soupirant. Tu n'as jamais revu cet homme, alors que tu croises souvent un peu les mêmes têtes dans ce train de travailleurs, d'étudiants ou de lycéens. Il n'est pas sûr que beaucoup lèvent la tête de leur téléphone ou sortent de leur torpeur matutinale pour simplement voir ce qu'il y a à voir. Et que, le voyant, ils ne l'assimileraient pas à la banalité du paysage, tout à la préoccupation de la journée qui s'annonce.

Les enfants ne sont pas toujours là. Tu te demandes toujours où ils sont, dans ces moments-là. Sans doute pas à l'école. Tu n'en sais rien, mais il est peu probable que quiconque se soucie de les scolariser. Le campement est planté dans cette campagne incertaine où la ville étire ses tentacules résidentiels en lotissements-dortoirs construits sur des terrains peu chers au milieu de friches agricoles envahies de ronces. On distingue même par places d'anciennes vignes aux alignements hasardeux, des bâtiments de ferme aux toitures crevées.

Tu ne vois pas toujours les enfants, mais souvent il y a des hommes, le matin, debout autour d'un brasero dont les flammes, quand il fait nuit, signalent leur présence à ceux qui ne la soupçonneraient pas, feu de détresse, et jettent au hasard sur les visages un masque d'or. Les hommes sont là, presque chaque jour. Tu ne saurais dire s'il s'agit toujours des mêmes, mais ils se ressemblent tellement, vus d'ici, vus d'en haut depuis ce train qui roule vers la ville, piétinant dans la boue, la tête encapuchonnée, rentrée dans les épaules.

Ils sont là depuis à peu près six mois. Tu ne t'es pas aperçu tout de suite de leur présence. Tu as vraiment remarqué un matin les caravanes quand il y en a eu dix ou douze, serrées les unes contre les autres, leurs toits crasseux, percés de cheminées bricolées, leurs vitres de Plexiglas parfois fendues et réparées avec des bandes d'adhésif, la boue, flaque immense, les jours de pluie. Puis les hommes sont apparus, puis quelques femmes, et les enfants, au fil des jours.

Et chaque matin, et chaque soir, tu les regardes en te demandant comment on peut vivre dans des conditions pareilles. Tous les jours, tu te dis : pauvres gens, pauvres gens, et tu te laisses aller à une sorte de songerie dans laquelle tu essaies d'imaginer le chemin qu'ils ont parcouru pour arriver là, la vie qu'ils y ont désormais, les rêves qu'ils ont pu faire avant de partir de chez eux, le cauchemar qu'ils ont fui. Tu songes à tout cela en te repassant les images vues à la télévision dans ces moments d'émotion bien assise qui font vibrer en toi, et probablement dans le cœur de quelques millions d'autres spectateurs, cette compassion nécessaire et bien suffisante pour se penser au-dessus des salauds ordinaires.

Chaque matin, tu accomplis ton devoir d'animal social, de citoyen impuissant mais vibrant d'empathie, en attardant ton regard sur ce campement de misère. Chaque matin, tu es un peu fier de le faire. Chaque matin, tu as un peu honte de ne faire que cela. La honte est peut-être le début de la dignité, te dis-tu.

Le jour est maintenant levé et la pluie a cessé, si bien que par la fenêtre tu vois défiler l'habituel *no man's land* uniformément gris. Et, dans ce jour blafard, tu aperçois la carcasse calcinée des caravanes. Tu ne vois aucun véhicule de secours, tu ne distingues aucune fumée. Tu te penches pour tâcher de voir le plus longtemps possible, presque debout, et la jeune fille assise en face de toi se redresse et se tasse contre le dossier de son siège comme si elle avait affaire à un type pris d'une soudaine crise de démence, peut-être un toxicomane en manque, ou même un fou de Dieu sur le point de sortir un couteau.

La journée passe. Rapports, réunions, atelier. Tu t'efforces de t'intéresser, de te sentir concerné, comme si ce dont tu n'es plus capable d'habitude allait devenir possible, seulement parce que tu as besoin de te défaire de la vision obsédante du campement détruit, désert, inondé par la boue. Pourquoi ce travail pourrait-il soudain constituer en quoi que ce soit un dérivatif à ce qui occupe ton esprit comme un nid de frelons dans un abri de jardin ?

Pendant le trajet de retour, tu guettes l'apparition du campement, tu t'attends à voir des gens fouiller les décombres pour récupérer quelque chose, mais il n'y a personne, et au dernier moment tu aperçois, derrière un buisson, le dôme arrondi, vert kaki, d'une tente.

Comme tu sembles soucieux, ta femme insiste pour savoir ce qui ne va pas, alors tu inventes une histoire de machine en panne, essentielle pour mettre en route une grosse commande, et elle s'étonne que tu te fasses à ce point du souci, toi qui rabâches ton désintérêt pour ce travail, et ton ennui. Pendant que vous buvez un verre de vin blanc à la cuisine en attendant que des pizzas chauffent, elle te raconte qu'il y avait grève aujourd'hui dans l'Éducation nationale et que ça n'a pas été très suivi dans le lycée où elle est prof de lettres. Elle, de toute façon, ne l'a pas faite, elle avait quatre heures de cours avec des premières littéraires, non qu'elle soit en désaccord avec les motifs de la grève, mais elle estime que ça ne sert à rien, et puis elle se voit mal prendre ainsi ses élèves en otage. C'est quand tu fais cours que tu les prends en otage, dis-tu tout à trac, sans réfléchir, et aussitôt tu regrettes tes paroles, tu ne sais même pas pourquoi tu as dit ça et, comme elle te remercie de ton soutien, les lèvres pincées, plantée devant le four éclairé comme devant un écran, tu hasardes des excuses sommaires sans oser lui dire que franchement tu t'en fous, de son métier, de sa vocation, de ses collègues si raisonnables et obéissants qui se croient encore utiles devant des classes de trente-cinq élèves, de son amertume à propos du niveau qui baisse, de ces jeunes gens incultes incapables de rédiger deux phrases cohérentes, et les fautes d'orthographe, n'en parlons pas, non, n'en parlons pas, dis-tu en toi-même dans ces moments-là, tais-toi plutôt ou bien fais-les, ces putains de grèves, et cesse de te tromper d'adversaire.

Bien sûr, tu te tais. Tu ressens tout ça, de la colère, de l'indignation devant cette bêtise instruite qui prétend encore donner à trente-cinq jeunes bien rangés derrière leurs tables des leçons d'intelligence et de cohérence intellectuelle. Tu te tais comme tu l'as toujours fait parce que tu ne crois pas au pouvoir de la parole, au poids des mots, à l'utilité du débat. Tu n'as jamais essayé de convaincre quiconque depuis que tu as réussi à obtenir de tes parents qu'ils t'offrent un scooter quand tu as eu seize ans, tu es persuadé que chacun court seul dans son couloir comme pendant ces courses d'athlétisme, tiens, le 110 mètres haies, voilà, la vie, c'est ça : courir, franchir des obstacles, en évitant d'arriver dans les derniers.

Alors, le silence. Tu manges, tu lis un peu devant la télé allumée qui bavarde en sourdine, tu t'endors vite. Tu ne penses presque plus au campement incendié des pauvres diables de la vingt-quatrième minute.

Le lendemain, tu ne prends pas le train. Tu passes devant la gare sans t'arrêter, tu ne peux t'empêcher de jeter un coup d'œil aux habituels voyageurs qui vont attendre leur train comme chaque matin, et tu roules sur la route déserte dans le petit jour hésitant, et tu guettes dans le rétroviseur le soleil qui se lève et enflamme la brume d'une clarté dorée qui te bouleverse. Il est vrai que tu aimes ce genre de cliché, cette beauté facile qui se livre sans qu'on ait aucun effort à fournir pour la contempler. Tu te perds un peu dans cette campagne rébarbative, entre haies bourgeonnantes et champs à l'abandon, puis tu aperçois la voie ferrée, tu sais que c'est là, bientôt, et tu trouves enfin l'entrée du campement, vingt mètres de chemin creusé d'ornières énormes, pleines d'eau. Tu gares la voiture sur un reste de remblai et tu prends pied dans la glaise, tu manques glisser et tu te rattrapes à la portière avant de marcher avec précaution vers les squelettes noircis des caravanes.

La petite tente que tu as aperçue hier est bien là, à laquelle mène une espèce de caillebotis fait de palettes franchissant une grande flaque boueuse. Un homme en sort et se redresse aussitôt en te voyant et se met à crier en agitant devant lui ses mains, tu ne sais pas ce qu'il dit dans sa langue mais tu sais qu'il a peur de toi, et derrière lui, à quatre pattes, apparaît un autre homme qui lui ressemble, brun, jeune, mal rasé, visage creusé où brillent des yeux sombres, vêtu comme lui d'un anorak bleu marine, coiffé comme lui d'un bonnet noir, et tous les deux te parlent, et tu parles en même temps qu'eux pour leur demander ce qui est arrivé, où sont passés les autres, et l'un des hommes finit par dire : « Partis, le feu. » Tu comprends encore « peur », « travail », alors tu fais une chose que tu n'as faite que devant tes enfants, il y a longtemps déjà : tu t'accroupis, puis tu essaies de dire avec tes mains que tu ne leur veux aucun mal, tu leur dis, lentement, que tu veux les aider, seulement les aider, qu'est-ce que je peux faire ? Et les deux hommes se calment. « Vous voulez manger quelque chose ? Manger ? » Ils se concertent du regard, échangent deux mots à voix basse et hochent la tête d'un même mouvement.

Alors, tu te demandes ce qu'il convient de faire : aller faire un marché et leur rapporter de quoi se nourrir pendant deux semaines, des conserves, de l'eau, un réchaud à gaz, tu ne sais plus, tu déroules mentalement toute une liste des courses, une autre tente, aussi, pour qu'ils aient un peu de place, et quoi d'autre ?

Quoi d'autre ? De quoi peuvent-ils avoir besoin ? Comment le leur demander ? Tu te vois mal les emmener dans un hypermarché et pousser avec eux un chariot dans les allées saturées de marchandises. Tu trouves ça indécent de les confronter brusquement à la surabondance de victuailles et de choses. Tu hésites, comme souvent. Tu ne parviens pas à prendre une décision. Ils ont faim. Et peut-être besoin de se laver. L'hygiène. Ah oui, l'hygiène. Ces hommes ne sont pas de simples mammifères qu'il suffirait de nourrir pour qu'ils soient contents. Mais il y a l'urgence, la précarité de leur situation. La précarité. Le mot jusque-là un peu abstrait, cette sorte de slogan, prend un sens concret, tangible. Elle est devant toi, la précarité. Il est devant toi, le monde tel qu'il va. Sans filtre, sans écran protecteur, sans télécommande.

Tu entends derrière toi s'emballer le moteur d'une voiture et immédiatement les deux hommes lèvent leurs mains en l'air, hésitent à les mettre derrière leur tête. Quand tu te retournes, tu es percuté par un flic qui te saisit par le col de ta parka et te balance au sol. Tu tombes à plat ventre dans la boue, et ce contact froid, mouillé, dégueulasse, te sidère et t'empêche de réagir et même de dire un mot. Un autre s'approche en courant vers les deux hommes. Il tient une arme à la main. Peut-être un Flash-Ball, qu'il braque sur les deux types en leur gueulant de se mettre à genoux, mains sur la tête, joignant le geste à la parole, brandissant son arme devant lui.

Ils obéissent, les flics les font s'agenouiller sur les palettes dont les planches leur font mal et les obligent à bouger d'une jambe sur l'autre, jusqu'à ce qu'un des policiers gifle l'un d'eux pour lui ordonner de se tenir tranquille : « Arrête de bouger espèce de crouille », pendant qu'il extirpe de son ceinturon des colliers de serrage qui leur servent maintenant de menottes pour les arrestations en pleine rue. L'autre flic te tourne le dos, il est debout à deux mètres, il braque les deux types et conseille à son collègue de bien souquer : « Serre bien, ça leur apprendra, à ces saloperies », pendant que l'autre s'emmêle un peu avec ses lanières de plastique.

Tu es soudain debout sans te souvenir d'avoir pris la décision de te lever, et tu sens tes chaussures pleines d'eau et de vase, et tu vois bien que tu es couvert de boue, normalement tu marcherais vers ta voiture pour ôter tes vêtements souillés, chercher dans le coffre la vieille paire d'espadrilles qui s'y trouve depuis l'été dernier, puis tu conduirais en petite tenue jusque chez toi, le chauffage à fond, pour prendre une douche, oui, vite une douche. Au lieu de quoi cette merde glacée dont tu es tartiné te fait sortir de tes habituelles convenances, balance dans une poubelle qui vient juste de s'ouvrir tes costumes usuels, tes uniformes sociaux, tes tenues d'apparence, et tu fonces sur le flic armé du Flash-Ball, et tu le renverses d'un coup d'épaule, et tu te jettes sur lui pour lui enfoncer la gueule dans une flaque. L'autre te tombe dessus, tu sens ton oreille se déchirer au premier coup de matraque, et tu te redresses tout de même, tu essaies de l'attraper par le cou, mais il te repousse d'un coup de poing à l'épaule, et tu as le temps de voir les deux jeunes types courir vers le grillage et l'escalader. On te balance au sol, et les deux flics cavalent derrière les fuyards, grimpent juste derrière eux le grillage qui les sépare de la voie ferrée, et tu entends klaxonner un train, et tu vois les deux jeunes types traverser les rails au nez de la locomotive et disparaître derrière le convoi, et les flics gesticuler devant l'interminable passage de ce train de marchandises, interminable, et tu penses à ces trains américains qu'on voit dans les films, ces centaines de mètres de wagons qui tracent dans les grandes plaines, et tu te redresses, crasseux, transi, et tu vois les deux flics revenir vers toi, et tu leur gueules : « Je vous emmerde, bande d'ordures, je vous emmerde », et tu ne te tais que lorsque tombent sur toi les premiers coups, que tu encaisses les dents serrées.

***Hervé Le Corre**, né en 1955, à Bordeaux, a enseigné pendant trente-huit ans les lettres à des élèves de collège. Il est l'auteur d'une dizaine de romans. Dernières publications :* Après la guerre *(Rivages/Noir, 2015),* Prendre les loups pour des chiens *(Rivages/Noir, 2018).*

E

Train fantôme

Sur les rails, l'expression me parle. Quand j'allume le démarreur, le disjoncteur, que les circuits vibrent et que j'ai les traverses en perspective, je suis motrice comme ma machine. Et ça se décline. Que ma fille me montre les smileys contents de la maîtresse sur ses cahiers, je lui étale un ballast de compliments : toi, tu es ma locomotive, tu avaleras du rail. Ma petite en est incendiée, elle appelle ses contrôles des passages à niveau. Jeanne et moi, on communique par chemin de fer. Avec son père aussi, avant. Maintenant plus, quoiqu'il parle ferroviaire. Mallik parle à d'autres. Il parle à des inconnus qu'il suppose là, à une foule invisible qui vient. Il donne de quoi lutter à ceux qui se lèveront, il leur tient prêt l'arsenal des preuves. Mallik n'est pas interné, il est sur Internet. Il lève des déluges sur les réseaux sociaux. Un spectre avertisseur de désastres, mon mari. Il a envoyé paître la psychologue post-traumatique qu'on lui avait assignée après le déraillement de Brétigny. Il ne mange plus, il alimente sa colère de mémoire vive. Il refuse d'oublier, il tient les comptes. Il ne peut plus travailler, il est à demeure sur son ordinateur. Les dirigeants de la SNCF ont une dette, et ils la paieront.

Le plus souvent, mon roulement m'empêche d'aller chercher Jeanne à l'école. Si c'est ma mère qui la ramène, elle la bahute aux apéros du lotissement, et la gamine me raconte essentiellement ce qu'elle a infligé aux caniches des mamies. Si c'est Mallik, j'en ai immédiatement l'indication militante. Plus question de soûleries de nano-chiens au porto et allongement du temps de négociation pour éteindre la lumière. Longtemps déjà que Jeanne n'a plus peur du loup et que ses hantises roulent sur des infrastructures dépiautées par les pouvoirs publics. Refusant de me lâcher la main, elle me demande pourquoi les chefs de France détruisent les rails, pourquoi la dette a été imposée à SNCF Réseau et pas partagée avec SNCF Mobilité. Ils utilisent bien nos rails à nous, leurs trains, maman ? Ils veulent qu'on meure alors ? Pourquoi ils font ça ? Au début, je répondais des niaiseries pour qu'elle se calme. Effet nul, l'avalanche de faits paternels vérifiables me balayait à tous les coups. J'ai changé de tactique, j'ai été forcée d'aller dans le sens de la vérité. D'ailleurs, à vivre avec un martyr de l'exactitude, j'ai fini par la connaître dans ses moindres aspects, la vérité. Aux questions de Jeanne, je réponds du Mallik, ma mère en fait claquer son dentier de désapprobation. Ce ne sont pas des choses à raconter aux enfants, tu ferais mieux de la protéger contre ton cinglé de mari. Je m'y résous pourtant, sinon Jeanne me le reprochera quand elle aura atteint ce cortège de fureurs qu'on nomme adolescence. En bonne logique, elle me reprochera aussi d'avoir dit la vérité. Les adolescentes se doivent d'être de vivants témoins des défaillances maternelles. Quand même, en disant vrai, je m'assure que l'adulte me restitue son respect. Et je gratte un peu de celui que m'a retiré le père. Car Mallik me juge. Je vois ses maxillaires saillir, sa lèvre supérieure s'avancer quand elle lui rapporte mes réponses mensongères. Maman dit que c'est pas vrai, qu'ils veulent nous tuer, papa : pourquoi tu m'as dit ça, toi ? Maman a tort. C'est mal de mentir. Bien forcée, je dis à présent que les chefs de la France ne pensent qu'à gagner de l'argent, malheureusement, Jeanne. Le réseau, ils ne le financent plus, comme ça, SNCF Mobilité fait des bénéfices dans son coin et ne les partage pas avec nous. Je ne suis pas certaine de bien faire, mais le visage de Mallik retrouve un peu de plénitude, si son regard ne me rend nul amour. Depuis Brétigny, ma tiédeur politique me vaut un débandage systématique.

Ça peut sembler bizarre mais, à l'école, les mômes persistent à vouloir devenir conducteur de locomotive, pompier et vétérinaire. Et que ces vocations soient coupées net en sortie d'enfance n'empêche pas qu'elles soient âprement revendiquées dans la cour. Avec les poings, s'il le faut. Jeanne n'a pas besoin d'en venir aux mains. Elle garantit son monopole ferroviaire par la seule force de ses explications. Elle tient sa ligne, je l'ai vue faire : négligemment lâcher qu'ils sont vraiment des bébés, qu'ils n'ont rien compris à ce que c'est, un cheminot. Il y a toujours un chiard un peu enamouré pour demander : c'est quoi un cheminot, Jeanne ? C'est transporter les gens sur les rails jusqu'à leur maison et leur travail. Et toujours un pour s'agacer de tant de présomption : d'abord, comment tu sais ? Ma mère est conductrice, je te ferais remarquer. Immédiat aplanissement des oppositions via l'argument d'autorité, et Jeanne de prêcher en récré sur la dette de la SNCF, ses raisons, ses conséquences, son entretien soigneux au bénéfice des « gens des banques ». Soit les gosses la révèrent, soit ils la détestent ; dans les deux cas, ils la trouvent totalement crâneuse. Elle tient le haut du pavé avec son *news feed* d'atrocités. La maîtresse est une followeuse moins enthousiaste. Elle signale le contenu indésirable par un smiley mécontent sur le carnet de liaison. Devant la prolifération inquiétante de *fake news*, cependant, Mme Bouzy a souhaité me rencontrer pour m'avertir que l'Éducation nationale demandait de faire remonter les profils sensibles dès les premiers signes. À chaque rendez-vous, elle me réserve ce faciès navré mais énergique qu'on inflige aux femmes battues doublées de mauvaises mères (sans qu'on puisse les en tenir pour complètement responsables, bien entendu, la maîtresse est une femme raisonnable, elle fait la part des choses). À force de dessiner des émoticônes sur les cahiers, Mme Bouzy a perdu du lexique mais gagné une panoplie de mimiques figées à opposer à ses interlocuteurs pour qu'ils saisissent aisément son message (la maîtresse est une femme raisonnable, elle sait se mettre à la portée de tous). La mimique qui m'est dédiée, c'est : « Mari absent ? Mère débordée ? Enfant difficile ? Faites-vous aider avant qu'il soit trop tard ! » Tout le monde sait que mon mec décartonne, même si on a déménagé à l'autre bout de la France justement pour effacer l'ardoise. Mallik s'est chargé de la déclamer, notre enfant est un mégaphone très autonome.

J'avais épousé un type massif, gueulard mais droit, à la Gabin. Dix ans après, je vis avec une ombre. Un corps émacié courbé sur l'écran, mains tremblantes, auto-astreint à la veille des voies défectueuses. Jeanne doit avoir une fichue intersection dans la tête : conduire la locomotive avec maman ou découvrir avec papa qui déraille qu'un tiers du réseau est obsolète. Ce matin, quand j'ai quitté l'appartement, je l'ai entendue demander à son père ce qui d'ordinaire la préoccupe nuit tombée : Mais maman va mourir alors ? Elle peut, Jeanne. Et les gens dedans ? Aussi. Mais papa, c'est horrible ! Oui, ça s'appelle le néolibéralisme. Je suis partie sans démentir. Maintenant, au quatrième passage à niveau de la journée, je ne sais toujours pas sur quels points j'aurais pu contredire, tout est vrai. Oui, papa déraille, mais papa n'a pas tort. En 2013, à Brétigny, le train Corail est sorti des voies dans une zone qu'il signalait depuis 2001. Le double aiguillage cause de l'accident, de 2001 à 2013, Mallik lui a consacré des centaines de notices d'inspection d'urgence. Douze ans. Forcément, il est hanté.

Possédé par la culpabilité. La hiérarchie n'a pas réparé, c'est elle qui a pris la décision de laisser l'infrastructure se défaire. Seulement, *savoir* pose un problème moral à toute personne autre qu'un actionnaire. À savoir sans pouvoir, on finit toujours par prendre sur soi la responsabilité. Le double aiguillage de l'accident, Mallik l'a inspecté huit jours avant le déraillement. Il n'a pas vu le boulon manquant. Il ne l'a pas vu parce qu'il faisait sa tournée seul pour cause de réduction d'effectifs et devait s'en tenir à ce qui est faisable sans risquer sa vie. Les nœuds ferroviaires d'Île-de-France, c'est innombrable d'intersections, d'aiguillages, de passages à niveau, de ponts, tout ça avec six mille trains quotidiens en roulement continu. Pour distinguer l'éclisse et les boulons tombés dans l'aiguillage de Brétigny, il aurait fallu se poster au milieu des cinq voies. Se poster là sans surveillance, c'est mort ou blessure obligée. Mais Mallik aurait voulu voir, l'avoir signalé. Pas plus cette fois-là que les autres, les décisionnaires n'auraient fait quoi que ce soit. En douze ans, ils n'ont pas trouvé bon de vraiment réparer, pourquoi changer une formule qui marche ? Mallik, en revanche, y aurait économisé la livre de chair fondue en nuits blanches, le cerveau devenu égrenage de créances. Sur Internet, il s'appelle « l'Arpenteur », il a des milliers de followers. Où sont ces gens, qu'attendent-ils pour se lever, comme il dit ? Ils se contentent apparemment d'être très en colère sur Twitter pendant que Mallik repasse les milliers de boulons, les joints et les attaches des cinq aiguillages de la zone de Brétigny. La nuit, il se relève, il s'assied, très droit, il murmure, il vérifie les tire-fonds, les traverses, les rails, les canalisations, les signaux, les passages à niveau, les caténaires. Il n'a aucune raison de s'arrêter. Il doit la vérité.

Il ne s'estimera quitte qu'après avoir dévidé les enchaînements, fait surgir la carte complète du réseau et réussi à alerter les usagers. Mon mari s'est changé en lanceur d'alerte dépressif. Peut-être qu'ils sont tous dépressifs, les lanceurs d'alerte. Il y aurait de quoi : passer pour le taré de service alors qu'on dit la vérité, comment rester pimpant ? Ça change quelqu'un, en tout cas, je ne pourrais pas dire qu'on s'aime encore. Il ne m'aime plus. Il reste pour sa fille, elle porte ses espoirs de révolte à ma place. Son esprit frappeur passé dans le corps de Jeanne. Elle le retweete aussi exactement que les présences virtuelles du Web. Mieux, même, car elle rayonne de plaire à papa. L'autre jour, il lui faisait faire un exercice de calcul, j'ai entendu depuis l'entrée avec mes sacs de courses. Ma fille de sept ans devait comparer le coût pour la SNCF d'un investissement en 1970, où elle était subventionnée par l'État avec les cotisations des contribuables, et le coût du même investissement aujourd'hui, financé par la SNCF en s'endettant auprès de banques privées qui exigent des intérêts. Petite Jeanne a fait silence, je l'imaginais griffonnant, puis a répondu fièrement : pour investir 100 euros dans la modernisation des voies aujourd'hui, SNCF Réseau doit emprunter 243 euros sur les marchés. Ma fille n'est pas concernée par l'illettrisme financier. La maîtresse ne sait pas encore à quel point elle est dangereuse pour le consensus général. Presque aucun adulte ne comprend de quoi est faite la dette de la SNCF, elle en connaît tout l'historique. Mais cette partie passe sous le radar de la Bouzy, dont la sagacité s'exerce en ce moment sur les « dessins inquiétants » de ma fille. Hier, elle m'a convoquée pour ça, et j'ai très mal joué mon rôle de femme battue. Je crois bien que j'ai été parlée par Mallik, moi aussi. Il fallait que ça arrive. L'analyse politique du désastre, j'ai beau faire, elle m'imprègne, à force d'entendre des réquisitoires circonstanciés. Enfin, l'imprégnation, c'est une chose, mais là, oui, littéralement, j'étais parlée par sa voix.

Jeanne dessine présentement des accidents, rames renversées, bonshommes sanglants, elle titre : « Tout TGV ! » Et, à la place du soleil, elle crayonne le signe dollar. Vous ne devriez pas lui mettre ces idées dans la tête, madame Luth. Et qui les lui mettra, si ce n'est nous, madame Bouzy ? Pas les médias, vous me l'accorderez : ils sont trop occupés à faire croire qu'on est coupables. Enfin, madame Luth, ni le TGV ni les médias ne sont responsables de vos problèmes personnels ! Ah si, malheureusement, et d'une partie des vôtres aussi : la vétusté des lignes de dessertes d'agglomération, intercités, rurales, c'est dans des rapports publics, madame Bouzy, mais pas au « 20 Heures ». La maîtresse m'a regardée avec sidération ; moi-même, j'avais l'impression d'avoir été chargée à bloc d'informations que j'ignorais connaître et de n'avoir plus qu'à me laisser parler. Vous êtes partie prenante, madame Luth, vos avantages statutaires... Madame Bouzy, la tête de l'État et la tête de la SNCF défendent des avantages bien plus considérables que les miens, des avantages qui se chiffrent en milliards, et ce depuis les années 1980. La Bouzy avait ce mouvement du corps saccadé qu'on voit aux gens recevant des rafales dans les films. Elle a choisi de s'agripper à son dessin d'enfant. Ah, revoilà le dollar comme soleil qui éclaire tout... vous... vous endoctrinez votre enfant de sept ans, madame Luth. Rendez-vous compte qu'en plein goûter, Jeanne a accusé la finance mondiale de détruire le service public et, je n'étais pas présente moi-même mais cela m'a été répété par des élèves dignes de foi, elle a été jusqu'à formuler des accusations à l'égard de l'Europe ! Je ne peux pas laisser faire ça, madame Luth, comme institutrice, j'ai un devoir moral. Je sais que vous menez la barque seule, mais il faut réagir d'urgence. C'est alors que l'esprit de Mallik tout entier a frappé. Mention faite de l'« Europe », le point G des idées reçues, il a perdu toute retenue, il a pris position dans mon corps, son fantôme mitrailleur m'a investie. Madame Bouzy, au risque de vous surprendre par l'irruption impromptue d'un fait historique vérifiable : la spéculation sur la dette souveraine et le chantage à la dette pour détruire le service public viennent bien de l'Europe. Vous prenez 1992, le Traité de Maastricht, le déficit fixé à 3 %, la dette publique à 60 %, et 1997, le « pacte de stabilité ». Vous y ajoutez la remise des pleins pouvoirs aux créanciers privés, d'abord par la loi de 1974 qui interdit à la Banque de France d'ouvrir des crédits pour financer les déficits publics, ensuite par la « mise en conformité » avec Maastricht en imposant « l'indépendance de la Banque de France » (comprendre : sa complète dépendance aux marchés financiers). Vous obtenez l'obligation pour le service public de se financer sur les marchés, donc de s'autodétruire dans le paiement des intérêts ; vous obtenez les populations ceinturées par la pression d'une dette grandissante. Mon Dieu, madame Luth, vous êtes complètement métamorphosée, cette excitation, c'est atroce : votre mari a réussi à vous radicaliser, que faire, mais que faire ? Eh bien, signalez-moi au rectorat. Oui, je le dois, c'est mon devoir d'avertir ! Vous avez un émoticône croix gammée pour les courriers de délation ?

Ça s'est donc mal fini. La maîtresse a pâli et m'a interdit de l'accuser de la sorte. Elle, se faire traiter de nazie ? J'étais ventriloquée par la colère de Mallik, je ne me reconnaissais plus, je suis partie, jambes flageolantes. Jusqu'où Mallik m'a poussée ? Le pacte de stabilité. Les traités européens, jamais je n'aurais cru les distinguer les uns des autres. Toutes ces pensées articulées, je ne savais même pas que je les avais. Non, je ne les ai pas. Je ne peux pas les avoir. Ce sont les siennes. Aujourd'hui, consternée, je rumine. Redevenue moi, je compte les passages à niveau avant la condamnation morale institutionnelle. Je maudis l'intensité de Mallik en moi. Moi, en général, je me tiens coite, je refoule le détail des créances. Cette maîtresse émoticone m'a dégondée, je vais refuser les rendez-vous désormais. Car je conduis, je ne peux pas m'offrir le luxe de la rage. Tant pis si Mallik ne m'en sait pas gré. Il en faut un qui ramène les sous. Depuis cinq ans qu'il est bloqué au double aiguillage, depuis cinq ans qu'il arpente la zone du sinistre, la nuit, le jour, que dans sa tête, dans ses mots, il n'y a plus que les éclisses, les morts, les mensonges d'État et d'entreprise, qu'ils s'entrechauffent, avec ses camarades fantômes, qui fait bouillir la marmite, hein ?

Tout redouble ma peine : chaque jour, il m'apprend du nouveau, je dois brouiller la transmission, sinon c'est moi qui vais craquer. Je sais que je n'entends plus ce qu'on me dit, que je suis une lâcheuse. Mon ami Paul me l'a suffisamment reproché. Tous les jours, je pense à lui, à ma lâcheté. Paul, il a été débauché par Ouibus en 2012, qui avait un autre nom débile à l'époque, je ne sais plus lequel. À ce moment-là, Ouibus offrait des conditions dorées, Paul a bien failli nous convaincre de le suivre. On a résisté parce que Mallik et moi, on aimait trop les voies, faire de la route, ça ne nous disait rien. D'accord, on aurait évité Brétigny, mais Paul vit bien pire, il vit le travail dérégulé. Depuis des mois, il est dans la broyeuse, lui du côté montant, du côté filiales privées. Moi, je suis restée sur le versant descendant, le versant service public, celui qui porte la dette. Eux, les salariés de la filiale SNCF C6, le droit du travail, ils l'ont perdu trois ans après l'embauche, ils ont un cadre par chauffeur, du harcèlement individualisé. Flexibilité et exploitation maximales, des voyages de cinq jours pour gagner un salaire décent, apparemment, c'était encore trop peu. Maintenant, Ouibus transfère son activité à des exploitants franchisés. Paul est syndiqué, il fait partie de ceux qui ont organisé la grève de la faim à Lyon, qui refusent la perte de

600 euros par mois pour faire le même travail. Mallik résume comme ça, quand il veut me faire honte d'abandonner mon pote : Paul se laisse mourir pour dénoncer l'opération de la SNCF se remplaçant elle-même bien tranquillement par des filiales ubérisées, et cette mort est inutile. Personne ne la remarque. Personne ne réagit. Pas même Charlotte Luth, sa vieille copine de formation. Je ne décroche plus quand Paul appelle, je conduis ma motrice. L'écouter, ça me rend folle de désespoir. Insupportable, d'entendre les minutes de cette chasse à l'homme où on les pousse aux « départs volontaires » en les harcelant ou, mieux encore, à la faute pour les mettre à pied ou les licencier. Le corps supplicié de Paul à imaginer au téléphone, à voir sur les réseaux sociaux, parce que chaque jour les grévistes se prennent en photo, eux aussi chair livrée au marché, je ne peux pas voir ça, je ne veux pas *savoir* ! Savoir pose un problème moral. Moi, je fais bouillir la marmite. Ça me rend malade que la SNCF ait créé des milliers de filiales pour se concurrencer elle-même et remporter le marché de sa propre privatisation à chacune des échéances « imposées » par l'Europe pour une « concurrence non faussée ». Je ne peux pas me permettre d'y penser.

Mallik, lui, téléphone à Paul tous les jours. Pourtant, ils se sont toujours détestés, parce que Paul était beau gosse et que Mallik était jaloux, du temps où il était présent en chair et en os dans ma vie et n'avait pas d'exigence politique. Il l'appelle tous les jours et il relaie les photos de sa mort lente pour le plus grand bénéfice critique de ses followers. En conclusion de leurs conversations, il me dit : Paul lutte. Rien d'autre. Et part expliquer à Jeanne comment le président de la République a rendu rentable la mort de Paul.

C'est du boulot, de refouler tout ça : en cabine, on les *sent*, les problèmes de voies, c'est pas abstrait le moins du monde, les aiguillages pas entretenus, ça tape. On sent le poids des voyageurs trop nombreux quand ils mettent un nombre de rames insuffisant. Le poste F de Brétigny, j'y conduisais à l'époque de l'accident, on s'est rencontrés comme ça, Mallik et moi. Ça tapait à tous les coups, en douze ans, je n'ai jamais pris cette portion à vitesse normale. Quand tu conduis dans ces conditions-là, savoir le détail de leur cynisme, ça t'apporte quoi, à part ta tête contre les murs pour une mort plus expéditive ? Ah oui, bien sûr, j'oubliais qu'on a une procédure inapplicable : arrêter le train, émettre une alerte radio, disposer des drapeaux rouges, interdire la descente des voyageurs sur les voies et chercher l'anomalie. Avec six mille trains en circulation, passer une heure à détecter un problème pourtant signalé par mon époux depuis douze ans, provoquer des retards en chaîne, « prendre les usagers en otage », « empêcher les gens d'aller travailler »... On sait. Alors, on roule. Déjà que pour les endroits vraiment trop dangereux, ils nous font descendre à 10 kilomètres à l'heure... Si on ne compense pas en serrant les dents, les gens prennent la voiture, tout est fait pour. Tout conspire à nous nuire dans le néolibéralisme.

Au moins, j'ai quitté la zone. J'ai obtenu ma mutation pour retourner au Pays basque. Je ne pouvais plus repasser là, avec la voix off de Mallik détaillant les points d'accident imminent. Et puis lui, resté là-bas, il aurait fini par installer un radar illégal pour prouver la réduction de vitesse systématique aux endroits dangereux et la faire connaître partout. Il aurait fini en taule pour présomption de sabotage. Comme si ça servait à quelque chose. En fait, tout empire, on dirait que les accidents n'existent que pour nous et les victimes. Les brigades d'entretien sont passées de cinq à une, pourtant des milliers de voies ont été construites. Le train Mauzin détecte tellement de problèmes qu'ils sont classés par ordre d'urgence et qu'on ne bricole que les gravissimes, faute de personnel. Avant Brétigny, les réparations d'urgence, c'était traitement immédiat ; maintenant, c'est dix jours de délai d'intervention. Y penser, c'est le meilleur moyen de se sentir responsable d'une stratégie beaucoup plus vaste qui vise à nous évacuer. Le mal vient de plus loin.

Mallik ne m'aime plus parce qu'il me trouve lâche. Un jour, il m'a lâché que je ne méritais plus son nom, tandis que Jeanne savait le porter. Il n'a plus aucun sens des réalités. On vit près de chez ma mère maintenant, au Pays basque, il touche une pension d'invalidité pour polytraumatisme, il dit que ça suffit pour trois, avec un potager. Ou du moins que je dois lutter avec les camarades du syndicat, si je veux rester dans cette boîte de damnés. Il dit que Brétigny, c'est tout ce que le gouvernement et l'Europe se proposent : nous faire crever dans des accidents, nous en faire porter le chapeau, nous expliquer qu'on y gagne, et en remettre une couche. J'ai entendu une fille de victime dire à une commémoration de l'accident de Brétigny, en présence de Pepy et de l'envoyée ministérielle, qu'elle ne les laisserait pas s'en tirer, qu'elle se chargerait de faire détester le train. J'ai pensé : Mallik me quittera pour une femme comme ça. Moi, je lutte pour ne pas détester le train, puisqu'il faut le conduire. Mallik apprend à Jeanne que le service public a été créé par les résistants de 1945 et que c'est ça qu'il fait, qu'elle fera : les Luth travaillent à reconstruire le réseau souterrain. Jeanne demande : Maman aussi, elle nous aidera ? Pas pour l'instant. Maman a tort. Je le déteste quand il fait ça. Si on avait 800 euros pour deux, encore. Mais, la petite, l'école, il croit que ça coûte quoi ? Un potager. Bien sûr, lui, il ne mange plus. Il doit être terriblement souterrain, son réseau de conjurés. En attendant, ce qu'il me décrit, et ce sur quoi je roule, c'est l'autre, le vrai, celui qui est tout pété. Mais je tiens. Le seul moment où j'ai craqué par sa voix, c'est hier, quand la Bouzy m'a cherchée.

Le reste du temps, je me trouve assez courageuse : je sais et je dois faire comme si je ne savais pas.

Je garde ma terreur pour moi, contrairement à lui. Pourtant, je n'oublie pas que je vais mourir et tous mes passagers avec moi. Eux qui ne comprennent toujours rien. Quoi que pense Mallik Luth de la convergence des mécontentements. Plutôt : parfois ils savent mais ils y voient une raison de plus de croire que le service public, c'est le bal des vampires. Les passagers, ils sont comme la Bouzy, ils imaginent vraiment qu'on s'éclate en leur suçant le sang. C'est à pleurer. Le budget com' de la nouvelle SNCF, pour sûr, il ne souffre pas de la crise de la dette. Trop d'enjeu à garantir l'écran de fumée. Il y a de la performance dans ce secteur, je. Ah, le signal d'alarme maintenant. Moi qui tenais mon temps, pour une fois.

J'arrête la motrice, je fais ça bien, je sens mon frein, c'est une des manœuvres les plus jouissives avec le démarrage. J'annonce qu'un passager a tiré l'alarme, qu'il est interdit de descendre sur les voies, que je vais procéder à l'examen de la situation. J'ai fait l'effort d'avoir une voix bien calme. Plus de clim' dans le train ; dans la rame concernée, on est au bord de la guerre civile. Pourtant, ce n'est pas l'objet de l'alarme. Les gens sont debout et en sueur, mais ils sont habitués. L'alarme, m'explique Jacques, qui est au contrôle, c'est cette dame, bras croisés. Elle me dit refuser l'amende que le contrôleur lui a notifiée, elle juge les billets trop chers, elle ne s'acquittera pas de sa redevance et bloquera tout le monde pour faire entendre son ras-le-bol. Je prendrai désormais la voiture, moi, madame, sachez-le, je suis fatiguée de vos mauvaises pratiques. Dix ans que je lutte pour ne pas abandonner le chemin de fer, dix ans que je défends l'environnement au prix dément de vos billets, mais pour finir vous me contraignez à m'asseoir sur mes principes. Je n'en peux plus, je jette l'éponge. Nonobstant ce triste dénouement, vous ne m'extorquerez pas un liard de plus. Une prof, cette nonobstant, je pense. De français. En tout cas, une prof. Je commence à craindre un syndrome de Bouzy, une certaine impatience dans ma voix, Mallik qui toque pour sortir, pour haranguer la foule visible. Les autoroutes, au moins, sont entretenues ! Mallik va défoncer la porte, les autoroutes privatisées, notre pire cauchemar, je n'y tiens plus, je lâche : Oui, avec des bénéfices annuels autour de 5 milliards, les concessionnaires autoroutiers ont de la marge. Dommage, car, avant 2006, la redevance de ces concessions était utilisée en partie pour subventionner la SNCF. Maintenant, les bénéfices de ces infrastructures, qui furent construites avec nos impôts, reviennent à Vinci. Mallik Luth me possède à nouveau, et, cette fois-ci, je m'abandonne. La dame se dresse et lève les bras : Ah, toujours la faute du passé, toujours la faute des autres, l'automatisme piteux des coupables ! Prof de français, tant pis pour elle, Mallik développe : en 2006, le gouvernement de Dominique de Villepin a privatisé les autoroutes, chère madame. Pas que ça me fasse plaisir, notez bien. Mais les 5 milliards, ils pourraient au moins les taxer, pour les raisons environnementales qui vous tiennent tant à cœur. Les bras toujours levés, la professeur crie : c'est un comble !

Comme elle n'est pas la maîtresse de ma fille et que je suis conductrice du train, je sors mon sifflet. Je dis : calmez-vous, sinon, je siffle le départ. Elle ne s'arrête pas, je siffle. Très fort, très longtemps. Elle s'arrête, j'arrête. Elle reprend ; rusée, elle me jette un paquet de mots trop longs. Je reprends, sûre de la stridence. Nonobstant s'entête quelques secondes mais soudain elle renonce, se tait enfin, bras ballants. Je demande : c'est fini, vous écoutez ? Je laisse Mallik reprendre. Vous m'êtes sympathique, alors je vais tout vous dire. Madame, la direction des ressources humaines m'impose de conduire en ce moment même un mauvais shunter, une motrice qui disparaît par instants des écrans. Ce qui signifie qu'on vous a fait payer une amende pour un train fantôme. La prof de français se redresse instantanément : Sacrebleu, vous êtes folle, la conductrice est folle, je veux descendre ! Les autres voyageurs lui intiment le silence. Mallik continue : la motrice X73500 est incompatible avec certaines voies. Notamment celles sur lesquelles nous sommes. Pardon, je ne devrais pas rire, c'est tellement affreux. L'effet de l'incompatibilité, c'est que les écrans de surveillance perdent la motrice, nous disons qu'elle déshunte. Le conducteur ne peut savoir à quel moment le train disparaît. Promis, j'arrête de rire, mais c'est tellement irrésistible. Figurez-vous que je ne peux pas savoir si les feux de signalisation fonctionneront, si les passages à niveau se fermeront.

Un homme très pâle prend la parole : l'accident de 2015, c'était ça, n'est-ce pas ? J'ai vu un reportage sur France 2, mais le ministre avait promis à la présentatrice que des mesures seraient prises. Mallik sourit. Les promesses n'engagent que ceux qui n'ont pas le pouvoir de s'assurer qu'on les tienne. Un voyageur demande : mais dites, qu'est-ce que c'était, cet accident ? Au passage à niveau 108, une voiture a été percutée par le train non signalé. Une dame et sa fille mortes sur le coup. Un silence total règne soudain dans la rame. Pourquoi faites-vous ça, pourquoi tant de haine ? sanglote la professeur de français. L'homme lui intime de se reprendre : ce n'est pas la conductrice qui décide, voyons, elle est en première ligne. Merci monsieur, ceci étant, je dois à l'honnêteté de vous avouer que j'ai quatre-vingts collègues qui ont refusé de conduire ce modèle de train. Qu'est-ce que je disais : des tueries délibérées ! J'ai cédé car la SNCF n'a accepté ma mutation dans la région qu'à condition de m'affecter à un roulement intégrant des acheminements en 73500. Il y en a trois cent dix-sept en service, vous les prenez tous les jours, vous en croisez tous les jours. Pendant ce temps, les concessionnaires des autoroutes gardent leurs 5 milliards de dividendes grâce aux manigances de l'État. Et vous nous embarquez là-dedans ! Du fait d'un chantage caractérisé, oui. Si la tuerie est en effet délibérée, ce n'est pas de mon ordre qu'elle provient. Conductrice de locomotive, vraiment, on n'a pas trop d'options : on conduit sur le réseau, on conduit leurs machines ou on se casse.

Redevenons raisonnables. C'est un grand type en costume qui a parlé. L'homme raisonnable sort un carnet à spirale, il nous le présente, surtout à moi. Voici le calepin sur lequel je consigne en toute objectivité les dysfonctionnements advenus sur mon trajet quotidien. Comme vous voyez (il en fait défiler les pages du pouce), il est bien épais. C'est mon cahier de doléances SNCF 2018. J'en ai un par année, je tiens mes archives prêtes et, ces derniers temps, nous passons des seuils, laissez-moi vous dire. Il s'esclaffe, Mallik aussi. Le train, depuis le premier janvier, soit il y a trois mois, est *parti à l'heure*... dix fois ! Et je le prends tous les jours, même le week-end, voyez-vous, je vais voir ma mère en maison de retraite chaque semaine, même si, c'est exact, il est malheureux de réduire nos ancêtres à cela, toutes choses égales par ailleurs, je ne me crois pas attaquable sur le chapitre des devoirs filiaux, en toute objectivité. Bien, donc. Et le train est *arrivé à l'heure* six fois. La cause de ces retards, et ce, remarquons-le, *tous* les matins de la semaine, *tous* les vendredis et dimanches soir, est le « trop grand afflux de voyageurs, la SNCF s'excuse de ce désagrément ». Dans un souci d'exhaustivité, j'ai également entrepris de noter le nombre de fois où nous entendons cette annonce. Le résultat est éloquent, en toute objectivité : depuis janvier, depuis trois mois, je l'ai entendu précisément 2 927 fois ! Anticipant les doutes imputables à ma fiabilité auditive, j'ai aussi enregistré la bande-son de mes trajets. Je compte lancer prochainement un appel #balancetontrain. J'ai accumulé suffisamment de preuves, et. Monsieur, faites, c'est très bien, j'appuierai vos dires. J'aimerais que vous m'écoutiez jusqu'à la fin, madame. Croyez-vous qu'il soit nécessaire de me réexpliquer ce que je vis moi aussi ? Les retards me font débaucher bien après l'heure, rendent mes trajets plus pénibles, m'exposent à des agressions permanentes : comment les oublier ? Ah mais madame, je ne vous agresse nullement, vous voyez bien, je me contente de vous faire appréhender avec objectivité l'enfer que nous, usagers, nous traversons chaque jour. Après, que vous estimiez avoir des comptes à rendre là-dessus, c'est rassurant, mais je vous laisse seule juge. Vous m'avez mal écoutée : je n'ai pas de pouvoir sur les choses que vous évoquez, j'en pâtis moi aussi. Je propose donc de repartir, afin que vous puissiez plus vite lancer votre appel. Eh bien c'est malheureux, car si la SNCF ne peut rien, je ne vois pas qui. Oh non, pas ça. Ah si, mais si. Oh mais non, que non. Pardon mais je ne m'énerve pas, j'énumère des faits, vous m'accorderez une totale objectivité et un calme absolu ? Vous êtes calme. Et je suis objectif. Non, ça non. Oh que si, ça oui. J'ai une suggestion à vous faire : remontez plus haut dans la chaîne des causes ; par exemple, je n'affrète pas les rames, qui décide de leur nombre ? Je ne décide pas les budgets : qui le fait, selon quels critères ? Pardon de vous couper, mais le critère, hélas est bien connu : la dette de la SNCF est l'unique... Pardon de vous interrompre à mon tour, mais : pourquoi la dette existe-t-elle ? Pardon de me montrer un peu brutal, madame, mais : pourquoi la terre est-elle ronde, pendant que vous y êtes ?

La prof de français crie : Je ne bouge plus, c'est dit, je ne partirai pas d'ici ! Nous sommes entre les mains d'une personne qui met en cause jusqu'aux principes fondamentaux, elle est beaucoup trop dangereuse ! L'homme raisonnable, désolé de mon manque d'objectivité, se joint à la demande : oui repartons, nous n'allons pas rester ici à débattre de l'existence de Dieu.

En donnant des coups de pied à Mallik, qui était manifestement prêt à surenchérir, je réussis finalement à quitter le wagon sans encombre. C'est que j'ai peur qu'il oublie d'aller chercher Jeanne au point de ramassage scolaire. Revenue en cabine, j'avertis la centrale du retard, je remets le démarreur, le disjoncteur, le moteur vibre, je pense : tout de même, si, il va y penser, il va aller chercher Jeanne au ramassage scolaire. Nous repartons, c'est le segment du viaduc. J'espère bien qu'il pensera à sa fille qui porte si bien son nom et son action politique. Je pense obstinément : rattraper le retard. Le moment des déboisements. Je pense, ces gens me haïssent, mon mari me méprise, je conduis sur leurs rails pourris dans une motrice invisible, mais c'est pour nourrir une petite Luth qui a tout compris. Elle agira. Bientôt, la portion du lotissement pavillonnaire. Elle saura comment on bifurque. Moi, je peux seulement tenir. Voilà, on arrive au passage à niveau 120. C'est déjà ça, me révolter par elle dans le futur, Mallik a tort de m'accabler. Quel retard nous avons pris, le bus de Jeanne a dû passer ici il y a peu. Plus que deux passages à… Le bus ? Le bus scolaire, le bus de Jeanne, juste en face de moi, le bus, à 130 kilomètres à l'heure au passage à niveau 120. La barrière ne s'est pas.

Normalienne, agrégée de lettres modernes, ***Sandra Lucbert*** *a publié deux romans qui interrogent les rapports sociaux contemporains.* Mobiles *(Flammarion, 2013) peint le portrait de jeunes actifs précarisés mais incapables de saisir ou de contrecarrer l'ordre social dans lequel ils entrent.* La Toile *(Gallimard, 2017) réarme le roman épistolaire pour interroger les effets relationnels* *et politiques des technologies numériques. Son roman en cours porte sur l'organisation néolibérale du travail et les processus de subjectivation sur lesquels elle s'appuie. « Train fantôme » est l'un des textes d'un recueil entendant faire surgir une lecture politique de la dette.*

Un cheminot nommé Paul Labiche

D'aussi longtemps que je me souvienne, j'ai toujours aimé les trains. Peut-être, alors que personne ne m'a jamais offert, enfant, de circuit électrique où des wagons de bois auraient pourchassé leur locomotive sans jamais la rattraper, parce que je n'ai jamais cessé d'être un amoureux du western. Sans qu'il soit besoin de chercher, des titres arrivent à toute vapeur. *3 h 10 pour Yuma* (l'original), *Le Dernier Train de Gun Hill*, *La Horde sauvage, Le train sifflera trois fois*, *Les Professionnels*, *Butch Cassidy et le Kid,* sans oublier *L'Empereur du Nord*, de Robert Aldrich, ce western moderne méconnu qui doit tant aux romans de Jack London, jeune chemineau brûlant le dur puis rebelle pour l'éternité.

Ai-je ouvert un vieux coffre à souvenirs ? Voilà que se télescopent d'autres images, des visages et des paysages, le désert des *Longs Manteaux*, la neige de *Docteur Jivago*, les wagons de bois lépreux d'*Il était une fois la révolution*. Bientôt, les couleurs se fondent, et les supplante le noir et blanc, idéal pour évoquer le monde ferroviaire, avec l'historique *Bataille du rail*, découvert vers 1960 au ciné-club du lycée Mignet, à Aix-en-Provence, et *La Bête humaine*, un Gabin bouleversant...

Des hommes et des femmes, des enfants, en longues files, d'autres trains, interminables... *Nuit et Brouillard*. Des convois sinistres, wagons à bestiaux cadenassés où tente de survivre une humanité déshumanisée, que connurent, parmi tant d'autres, mon oncle, Alfred Martin, en route pour Buchenwald, et mon vieux camarade Albert Cordola, mort il y a deux ans, expédié à Dachau après avoir été torturé par la police française...

Je fais partie d'une génération qui a beaucoup emprunté le train, que je continue à préférer à l'avion. Aussi, en plus d'un demi-siècle, j'ai accumulé, et cela n'a rien de très original, souvenirs et anecdotes de voyage... Une paire de lunettes qui vole parce qu'à dix-huit ans j'ai commis l'imprudence de passer la tête par une fenêtre au moment où nous croisions un autre train. J'en ai vingt-trois lors de mon retour picaresque de Paris à Marseille, à l'issue des épreuves du Capes de lettres modernes. Broyant du noir, persuadé que j'ai raté mon oral, et obligé de rester debout toute la nuit dans le couloir du Mistral pour cause de légionnaires ivres dans ma couchette. De retour du Tchad, ils sont là, deux à trois cents, vautrés dans les couloirs, en proie à une soif intense que plusieurs casiers de bouteilles de bière leur permettent heureusement d'étancher ! Presque un demi-siècle plus tard, direction Montmorillon et son festival, un face-à-face avec Franz-Olivier Giesbert. Deux heures de silence pesant. Des chiens de faïence. Je ne le vois pas, il doit se demander qui est ce minable qui ne reconnaît pas Sa Majesté. Quelques jours plus tôt, il se répandait à tout écran, claironnant que les menaces de la CGT, qu'il n'a pas hésité à comparer à Daech, ne lui font pas peur. Je le laisse tâtonner longuement par terre à la recherche d'une de ses lentilles. Y aurait-il une justice immanente ?

Il y aurait tant à raconter... Juste un dernier pour la voie, un coup de gueule à Rouen lorsqu'un quidam distingué, dont l'ordinateur et les deux portables étalés sur sa tablette signalent l'importance, exprime à haute voix sa colère. Il faut dire qu'il y a un bon quart d'heure que nous devrions être partis. Les coupables, lui, il les a débusqués. Les pelés, les galeux de Jean de La Fontaine, ce sont, mais oui, mais c'est bien sûr, les cheminots. *« Il est grand temps qu'on les mette au travail ! »* Silence dans les rangs. Courage, fuyons ! ou à tout le moins courbons la tête sur notre journal gratuit, *Clauseur* (né de la fusion de *Closer* et *Causeur), Le Figaro* ou *Aujourd'hui en France* ! Dehors, sur leurs flancs usés et ternis par des années de bons et loyaux services, la loco et ses wagons affichent leur date de mise en service : 1973. Les pauvres n'en peuvent mais... Foutaises, la vérité, c'est que tout est la faute de privilégiés qui touchent encore la prime d'escarbille[1] !

Le quidam a repris ses éructations. Je l'apostrophe. Tout y passe, Macron et ses cars, l'abandon du pendulaire au profit du tout-TGV, Sarkozy, la mère Thatcher et l'état pitoyable des chemins de fer britanniques, les actionnaires et les 88 milliards d'euros d'évasion fiscale.

Ma femme, Édith, prétend que, lorsque je me mets en colère, j'ai l'air d'un fou. C'est très exagéré, naturellement, mais le stipendié du Medef et du macronisme encore triomphant s'est recroquevillé sur son siège, soudain moins flambard, d'autant qu'après l'avoir achevé d'un « muscadin » qui ne manque pas de l'intriguer, je déploie *L'Huma* plus qu'ostensiblement...

Bref, TGV ou tortillard, j'aime bien le train et j'aime aussi les cheminots. Mon grand-père maternel en était. Il travaillait sur les voies quel que fût le temps. Comme Maurice, le père d'Édith (elle va encore dire que je me prends pour Colombo, à toujours la citer). Deux « bourreurs de caillasses », durs à la tâche, viscéralement attachés à leur travail...

J'ai évoqué plus haut *La Bataille du rail*. L'épopée qu'elle retrace, car il s'agit bien d'une épopée – des obscurs et des

1. Scène et propos authentiques.

sans-grade, je le concède – une autre raison d'aimer les cheminots. Vous vous rappelez Mauriac, ce grand écrivain sur lequel il est de bon ton d'ironiser ? Catholique et gaulliste, il écrivait à la Libération : « Seule dans sa masse, la classe ouvrière est restée fidèle à la France profanée. » Et les cheminots, à commencer par Pierre Sémard, exécuté comme otage en 1942, les ancêtres de ceux qui se battent aujourd'hui, non pas pour eux-mêmes comme le prétendent les salauds et les simples d'esprit, mais pour nous tous, étaient l'illustration parfaite du jugement de Mauriac. Quant à leurs employeurs, que la moindre concession écorchait si fort que la plupart espéraient qu'Hitler saurait assassiner dans l'œuf tout nouveau Front populaire, ils étaient bien les ancêtres des perroquets du Medef d'aujourd'hui…

Comme j'ai toujours aimé passer du coq à l'âne, on me pardonnera de revenir au cinéma, en avouant, en revendiquant même, une grande tendresse pour un film, américain certes, mais qui rend hommage, à sa façon, qui n'est pas la pire, aux résistants et aux cheminots français.

Le Train. 1963. Un film en noir et blanc, justement. Un choix. Des locomotives, des wagons plombés bourrés d'œuvres d'art volées, qui vont prendre le chemin de l'Allemagne. Des nazis, des collabos et des résistants. Parmi eux, Papa Boule, mécanicien grincheux et haut en couleur (Michel Simon), Christine, au sang-froid exemplaire (Jeanne Moreau), et l'âme d'un réseau de cheminots-résistants actifs autant qu'efficaces, Paul Labiche.

Labiche, c'est Burt Lancaster. Il a été indien révolté, flamboyant corsaire, aventurier cynique, impitoyable magnat de presse, sergent viril, général fasciste, prédicateur escroc, aristocrate sicilien, le voilà cheminot, et français. Et on y croit. Bien sûr, il y a des cascades, comment en serait-il autrement avec cet athlète qui les réalise lui-même, tout en versant l'équivalent d'un cachet de cascadeur à la caisse de solidarité de la profession ? Burt saute, bondit, court, escalade des trains en marche, fait corps avec la machine, lutte, se blesse, et démontre avec panache que l'héroïsme est avant tout affaire de conviction et de force morale, qu'une classe qui fournit peu de personnages de premier plan aux œuvres de culture est en revanche surreprésentée dès lors qu'il s'agit de donner sa vie pour la liberté et la justice, mais ça, à moins de découvrir l'histoire de France dans les opuscules de monsieur Lorànt Deutsch, 1793, 1830, 1848 et la Commune de Paris nous en avaient déjà persuadés.

Bref, *Le Train* rend un hommage magnifique aux cheminots résistants.

On a pu lire ici et là que, tyrannique, Lancaster avait renvoyé le réalisateur Arthur Penn pour le remplacer par John Frankenheimer, « plus docile ». Il suffit d'étudier de près les différents scripts du film pour comprendre que la vérité est ailleurs. Penn voyait le film comme une longue confrontation, très intellectuelle, autour de l'art, entre deux hommes, un nazi esthète et un résistant français brut de décoffrage. Lancaster voulait quant à lui un film d'action qui, sans esquiver cet aspect des choses, ferait passer les résistants et leur cause au premier plan et exposerait la nécessité de la lutte armée. N'ayons pas peur des mots, un film qui prendrait parti…

Car l'acteur, qui a financé *Meurtre à Dallas*, premier film à remettre en cause la thèse officielle de l'assassinat de Kennedy, a payé de sa poche les 150 000 dollars qui permettront de terminer *Le Merdier*, premier film à mettre en scène et à dénoncer l'agression américaine au Vietnam, a accepté un cachet minime pour jouer dans *1900*, qui a été toute sa vie un pilier de l'American Civil Liberties Union, et qui a « mérité » un dossier du FBI de plus de 900 pages, était incontestablement le comédien le plus engagé d'Hollywood.

Et je vois comme un symbole que, le tournage du *Train* à peine débuté, Burt Lancaster l'abandonne pour un aller-retour Paris-Washington. C'est le 28 août 1963. Devant 250 000 personnes, déroulant une longue suite de feuilles collées les unes aux autres et portant la signature de plus de mille cinq cents Américains de Paris, il lit leur déclaration de soutien à la manifestation organisée ce jour-là par une dizaine d'associations et mouvements noirs en faveur des droits civiques, juste avant que Martin Luther King ne prononce un discours qui restera dans l'histoire, un discours dont les mots essentiels, justice et dignité, sont aujourd'hui ceux du combat des cheminots.

Roger Martin *est écrivain. Dernier ouvrage paru :* Le Rêve brisé. L'assassinat de Martin Luther King*, Éditions de Borée, 2018.*

France 2050

« Le TGV-Orange-Pizza Hut en provenance du centre commercial Vélizy 2 et à destination du club de vacances Pierre-Gattaz va entrer en gare de Lion (pour rugir de plaisir). Il est rappelé aux clients-voyageurs que ce train comporte un wagon Starbucks avec toute une gamme de *coffees latte* et de Youpiccino, avec sucre de synthèse, ainsi qu'un Apple Store avec en exclusivité l'iPhone 48 greffé directement sous la peau de votre main, pour une plus grande ergonomie et une efficacité démontrée. Pour celles et ceux ayant souscrit l'offre Serenity, l'embarquement se fera à l'avant de la rame, où nos charmantes hôtesses en hologramme vous attendront pour un voyage confort, accès privilégiés aux toilettes, vingt premières secondes offertes. Pour les autres, les places debout se situeront à l'arrière. Nous vous remercions par avance de laisser un espace inférieur à trente centimètres entre les passagers afin de faciliter l'accès à toutes et tous. À noter qu'il n'est pas trop tard pour vous inscrire sur notre programme Fidelity, grâce auquel vous pouvez bénéficier de l'intégralité du réseau wi-fi connecté à votre puce électronique Siemens ainsi que d'un bon d'achat de 0,03 bitcoin sur notre nouvelle ligne Aéroport Serge-Dassault-Parc d'attractions McDonald's. Il est également rappelé qu'en application de la loi Macron du 8 avril 2036 relative aux conditions de travail il est formellement interdit de parler au personnel navigant afin de ne pas perturber sa mission de nettoyage, de contrôle, de maintenance et de surveillance. La Holding Business des chemins de fer vous souhaite un agréable voyage. Éloignez-vous de la bordure des quais, et de toute volonté d'imaginer le monde autrement que sous la forme d'une immense compétition mercantile. »

Auteur et interprète du spectacle Que demande le peuple ?, ***Guillaume Meurice*** *est chroniqueur sur France Inter dans l'émission « Par Jupiter ! ». Il est aussi pilier de wagon-bar, bouteur en train et fils de cheminot.*

L'homme-enfant

Il a la petite cinquantaine, un collier de barbe soigneusement taillé, un costume gris trois pièces, des chaussures noires cirées par sa mère.

« Tu as bien tout ce qu'il te faut ?

— Oui, dit-il, montrant son billet de train.

— Range-le. Surtout, ne le perds pas. »

Il a cinq ans d'âge mental. Comme tous les mois, il va en ville consulter le médecin « pour ses bobos ».

« Tu es prêt ? » demande son père.

L'homme-enfant prend le train seul mais son père l'accompagne toujours à la gare. Ça lui fait plaisir. Sa mère l'embrasse.

« Je t'ai mis ton argent dans ta poche », dit-elle.

Et, souriant :

« Bonne journée, mon grand ! »

Ils s'en vont.

Vu de loin, l'homme-enfant au costume gris a l'air d'un pasteur protestant. Il se tient très droit, les bras le long du corps, le menton légèrement levé, le pas lent mais décidé. À côté de lui, son père, un petit homme rondouillard, trottine d'un pas sautillant. Au passage, ils saluent leur voisin, un peintre amateur qui pourrait les prendre comme modèles pour Don Quichotte et

Sancho Pança. Mais il n'en a jamais eu l'idée, préférant recopier des cartes postales...

Pour aller à la gare, il faut longer le parc, tourner à gauche dans l'avenue de la République, à nouveau à gauche dans la rue Gambetta et, au carrefour, prendre l'allée des Eaux en suivant l'indication « Gare SNCF ». En marchant tranquillement, c'est à huit minutes de chez eux. Pas plus.

Le train est annoncé à l'heure.

« À ce soir », dit son père en l'embrassant.

Et, comme chaque fois, il lui rappelle qu'en cas de problème il doit aller au commissariat...

« Je sais, dit l'homme-enfant. Au commissariat. »

L'homme-enfant a trouvé une place dans le sens de la marche, près d'une vitre. Toujours très droit sur son siège, les mains posées sur les genoux, il regarde le paysage défiler d'un air si sévère et concentré que la femme assise en face de lui n'ose entamer la conversation. Ils roulent depuis un quart d'heure quand le contrôleur annonce :

« En raison de travaux sur la voie, le train marquera un arrêt exceptionnel en gare de V... »

L'homme-enfant n'y prête pas attention.

Quand le train stoppe, il descend. Pour aller chez le docteur, il doit toujours descendre au premier arrêt.

Il est midi à la pendule de la gare.

Toutes les fois où il voyage, l'homme-enfant mange avant d'aller chez le docteur. Sans hésiter, il pousse la porte du buffet et s'installe à une table sans s'inquiéter du train qui repart.

L'homme-enfant prend le menu complet, entrée, plat, dessert, accompagné d'un soda citron. Il mange de bon appétit et règle avec le billet que sa mère a glissé dans sa poche. Puis il va s'asseoir sur un banc au milieu du quai. Il est seul. Toujours tiré à quatre épingles, toujours très droit, impassible et patient, il attend sans s'étonner de ne plus voir son train. Ni aucun train d'ailleurs.

L'heure tourne sans qu'il s'alarme.

Vers le soir un employé s'inquiète : la gare va fermer, le buffet l'est déjà, il n'y aura plus de train avant le lendemain.

« Pourquoi ?

— Vous avez vu l'heure ? » dit le cheminot.

L'homme au cerveau d'enfant répète qu'il va voir le docteur « pour ses bobos » ; qu'il y va tous les mois en train ; qu'il descend toujours au premier arrêt et revient par le même chemin. Un peu plus tard, l'homme-enfant accepte que le cheminot téléphone pour lui trouver une chambre pour la nuit. Malheureusement, il n'y a qu'un hôtel à V... et toutes les chambres sont prises par les congressistes d'un syndicat de pharmaciens.

« Le commissariat », dit l'homme-enfant.

Le cheminot s'étonne.

« Vous voulez aller au commissariat ? »

Au commissariat, dans un premier temps, le planton ne comprend rien à ce que demande cet homme qui ressemble à un pasteur et, d'une voix douce, réclame qu'on lui donne une chambre.

« Pour faire un gros dodo. »

Quand il comprend enfin à qui il a affaire, le policier prend pitié de ce vieil enfant perdu et propose de le loger dans une cellule. La cellule est propre mais il n'y a ni drap ni couverture, et surtout pas d'oreiller. Sans hausser le ton, l'homme au costume gris, à la cravate assortie, explique que ce n'est pas possible, qu'il veut des draps, des couvertures, et surtout un oreiller.

« Sans ça, je ne peux pas faire dodo. »

Le planton tente d'argumenter, de dire que… de dire « non on ne peut pas »… de dire « comprenez on est dans un »… L'homme-enfant demeure inflexible. Pas de draps, de couverture, d'oreiller, pas de dodo. Le policier se résout à appeler l'hôpital où sa belle-sœur est aide-soignante. Et, miracle, peu de temps après, sirène hurlante, une ambulance vient livrer tout ce qu'il faut pour que l'homme-enfant se couche dans un lit comme chez lui.

L'homme-enfant dort comme un ange jusqu'au matin.

Quand il se lève, le planton a préparé un petit déjeuner : du café, des tartines…

« Vous avez le temps. Votre train est dans une heure… »

L'homme au cerveau absent s'assoit. Son visage se voile d'inquiétude, de tristesse. Il caresse nerveusement son collier de barbe. Pour la première fois il y a du dépit dans sa voix, de la colère. Il s'adresse au planton d'un ton plein de reproche :

« Il n'y a pas de croissants ? »

***Gérard Mordillat**, cinéaste et écrivain, est l'auteur notamment de* Vive la Sociale ! *et* Les Vivants et les morts, *et le réalisateur (avec Jérôme Prieur) de quatre séries sur la littérature chrétienne et musulmane, et de* Mélancolie ouvrière, *d'après l'essai de Michelle Perrot, avec Virginie Ledoyen, Philippe Torreton, François Cluzet, François Morel, Marc Barbé…*

Papa et le nouveau monde

Papa, il y a presque vingt-cinq ans que tu as quitté le monde, tu étais cheminot, tu étais syndicaliste, et ce que tu quittais, c'était le vieux monde. Le vieux monde avec ses drapeaux rouges et ses luttes, le vieux monde avec son café calva dans la première tasse de la journée, juste après le bol de café noir, le vieux monde avec ses copains, avec ses belotes, avec ses bouteilles de vin étoilées, sans bouchon mais à capsule. Le vieux monde avec ses boîtes d'anchois, ses feuilletons à la radio, le journal plié contre le pain de 2 livres, le concours *Ouest-France* et la 4L qui permettait d'aller voir la mer du côté de Port-en-Bessin ou d'Arromanches les jours de congé. Le vieux monde avec ses journées de travail qui commençaient à 5 heures du matin, ou à 1 heure de l'après-midi, ou à 9 heures du soir, selon les semaines, c'est ce qu'on appelait les trois-huit, ce qui faisait qu'on était toujours en décalage par rapport aux autres, qu'on n'arrivait pas à dormir sur commande, que les nuits étaient courtes et les réveils difficiles.

Papa, il y a vingt-cinq ans que tu as quitté le monde, et tu es reparti avec tes chansons préférées, *Les Cœurs purs*, de Caussimon, *Je suis venu te dire que je m'en vais*, de Gainsbourg, et *À Recouvrance*, en souvenir de Brest et de Lambézellec, le pays de tes parents. Toi, ça fait vingt-cinq ans que tu es parti avec tes désirs de voyage, tes lectures d'Henry de Monfreid et tes réminiscences de l'Indochine, dont tu ne savais parler que trop fort, quand tu soliloquais dans la brume alambiquée d'une colère jamais apaisée.

Papa, tu faisais partie du vieux monde, celui de la lutte des classes, celui des patrons et des ouvriers, celui des directeurs et des employés, des profiteurs et des victimes d'un système toujours plus dur aux faibles. Tu faisais partie du vieux monde avec ses contradictions. Toi qui rêvais que tes enfants puissent emprunter l'ascenseur social, n'avais-tu pas peur de t'éloigner de ta descendance, quitte à risquer l'incompréhension ?

Papa, il y a presque vingt-cinq ans que tu as quitté le monde et je pense à toi. Aujourd'hui, je vis dans le nouveau monde où un rapport récent montrait que 1 % de la population y était plus riche que les 99 % restants, où des gens modestes qui se battent pour leurs droits sont traités de privilégiés, où l'arrogance des puissants, leur mépris, leur condescendance, s'expriment aujourd'hui derrière des airs cool, dégagés, décontractés.

Quelque chose me dit que si, venant de l'ancien monde, Papa, tu débarquais dans le nouveau, tu ne serais pas si dépaysé que ça.

François Morel *est acteur, chanteur, auteur, metteur en scène et chroniqueur. Son dernier concert,* La Vie (titre provisoire), *est en tournée depuis deux ans. Il a créé son nouveau spectacle d'après des textes de Raymond Devos,* J'ai des doutes, *en mai 2018.*

Cinq épaves et un train de luxe

« Poco animato, *librement, un peu en dehors.* »

Debussy, *En blanc et noir*

J'ai six trains sous les yeux. Sous les yeux de ma mémoire. Entre 1914 et 1918. Six trains plutôt tragiques, sauf le premier peut-être, parce qu'il roule de Cologne à Ostende, en juillet 1914, et qu'il conduit principalement des vacanciers vers les plages de la mer du Nord. Les autres sont des trains de fuyards ou des trains de guerre, beaucoup plus pénibles.

Du coup, j'ai les personnages aussi sous les yeux, ils se lèvent à mi-corps dans le limon de la mémoire, où ils sont enterrés et reposent, pour ressusciter partiellement presque n'importe quand. Stefan Zweig, l'écrivain. En juillet 1914, il a trente-deux ans. Mais aussi Henry Van de Velde, l'architecte. Cinquante et un ans. Émile Verhaeren, le grand poète aux moustaches si longues que l'on croirait qu'un oiseau, un albatros aux ailes pendantes, s'est posé sur sa lèvre. Sans compter que ses petites lunettes sont en forme d'œuf de caille. Et puis encore Guillaume II, le Kaiser lui-même, beau et bel homme, et son train personnel.

1914. Juillet.

Quasiment que des hommes, dans ces souvenirs. Désolé, pas ma faute.

Comme femme, on a tout de même Maria Sèthe, qui est à Ostende et qui attend son mari, l'architecte Henry Van de Velde. Soyons précis : elle n'est pas à Ostende même, mais à une très jolie plage qu'on appelle Le Coq-sur-Mer, bordée de villas 1900 et d'hôtels à colombages, et qui n'est distante d'Ostende que d'une demi-heure en prenant ce tramway couleur crème qui tressaute et tintinnabule le long de la côte.

Maria Sèthe vient d'une famille riche et amie des arts, et il faut se l'imaginer très élégante en même temps qu'originale sur la promenade de mer du Coq, avec trois de ses enfants (l'aînée est chez des amis, sur une plage de la Baltique) et sans doute une gouvernante. Le soleil et le vent s'enfoncent dans son vêtement blanc à pois bleus, s'engouffrent dans l'ombrelle ou sous le chapeau de paille et jouent dans les rubans mauves et rouges qu'on appelle des suivez-moi-jeune-homme. Elle se promène avec Else von Guaita, une amie d'Allemagne qui, elle aussi, est venue avec ses enfants. Maria ignore encore qu'Else est la maîtresse de son mari, Henry.

D'ailleurs, elles parlent de lui. Il doit être dans le train, à l'heure qu'il est. Sais-tu qu'il a remis sa démission au Grand-Duc ? Il me l'a télégraphié hier.

« *Ach so !* »

Il y a des petits chiens sur la digue et des baigneurs sur la plage, et un pêcheur à jamais ahuri, d'un autre siècle. Qui ne comprendra jamais rien à la vie moderne. Et qui hale, en guenilles, son bateau sur le sable en criant sur son cheval distrait.

Oui, Henry a démissionné. Else est dans tous ses états. Pas sûr que ça fasse plaisir à Maria, cet intérêt passionné qu'Else prend pour la vie d'Henry.

Lequel Henry se trouve circulant sur le chemin de fer dans un coupé de première classe où il espérait, dit-il, être seul. Ce n'est pas le cas, et il doit réfléchir et prendre ses notes en dépit du bruit des voisins et peut-être de leurs odeurs. Car il y a toujours un amateur de saucisson à l'ail quand on a besoin de se concentrer.

C'est sa Belgique natale qui défile par les fenêtres du train. Dix ans qu'il s'est installé en Allemagne, Henry. Et il vient de donner sa démission au grand-duc de Saxe-Weimar. Ce jeune fou coléreux, qui lui a tout de même rendu de bons services. Alors Henry, dans le coupé de première classe qui le mène en vacances rejoindre sa femme et ses enfants, écrit une lettre au roi des Belges, voir s'il se décide à lui donner en Belgique une école d'art à diriger, quelque chose d'analogue à ce qu'il a créé à Weimar et que Henry voit comme un grand don gracieux à l'humanité. (C'est le Bauhaus, tout de même, mais à l'époque ça ne sonne pas encore comme aujourd'hui.) À défaut de quoi, Henry se résoudra peut-être à abandonner la nationalité belge et à prendre l'allemande. Voilà qui est envoyé. La Belgique ne sait pas connaître ses grands hommes.

Curieuse lettre, de ces génies qui ne doutent de rien. Henry se sentait sans doute Michel-Ange à l'intérieur et espérait sentir autour de lui des Jules II.

Qu'importe.

Le train entre en gare.

Est-on venu le chercher, à la gare d'Ostende, ou est-on resté au Coq ? A-t-on envoyé un chasseur de l'hôtel ?

L'histoire ne le dit pas. Mais l'architecte arrive au Coq. Sans doute par le tramway.

Il ne connaît pas Stefan Zweig, pourtant Stefan Zweig est bien là, lui aussi, au Coq, en cette fin de juillet 1914, climat idéal, bleu, chaud, festif. La moitié de l'Allemagne, dira l'écrivain autrichien dans ses mémoires, est en vacances sur la côte belge cette année-là. Et les Anglais ne sont pas en reste.

Else von Guaita a le cœur qui bat quand elle voit Henry. Henry, de toute façon, est toujours caché dans ses trop hautes préoccupations. La légitime Maria se dit heureuse que le voyage se soit bien passé.

« J'ai écrit au roi », dit-il.

Des soldats se fraient un passage parmi les promeneurs du front de mer.

« Qu'est-ce qu'ils fabriquent ici, ceux-là ? »

Ils ne s'excusent pas. Un militaire, ça ne s'excuse pas. Ils passent, étouffant dans leur uniforme de feutre bleu nuit. Leur col rouge. Élégant.

« La guerre ? Allons, Maria, allons donc, ne me faites pas rire. »

Les enfants, qui tiennent la main de leur père, s'amusent des grands chiens qui tirent deux par deux sous un joug les mitrailleuses rutilantes.

« L'armée belge manœuvre !

— C'est absurde... »

Zweig, l'écrivain autrichien, à la terrasse du café, en compagnie d'amis belges, l'écrivain Fernand Crommelynck et un peintre dont l'histoire a tu le nom, trinquent gaiement à cette démonstration de force un peu ridicule, à ces manœuvres dans une foule de canotiers et d'ombrelles à festons. Le peintre sans nom s'est levé, a caressé un chien de trait, s'en est fait remontrer par l'officier, pour qui cette caresse est un manque de respect à la féroce dignité de l'armée du roi. Le peintre est revenu s'asseoir, on a ri. Et Zweig :

« Qu'on me pende à ce réverbère si la guerre éclate, si l'Allemagne entre en Belgique, hahaha... »

Ce sont des choses qu'on devrait ne pas dire, Zweig. Et savais-tu, par ailleurs, qu'en flamand ton nom signifie « tais-toi » ?

Assurément, tu l'ignores, car les Flamands cultivés que tu fréquentes – et même Van de Velde, là, vingt mètres plus loin, qui vient de passer avec sa jolie famille – ne parlent flamand qu'à leurs chiens et à leurs domestiques.

Bizarrement, les hôtels se vident. Zweig ne veut pas partir. Beaucoup d'Allemands qui, hier encore, léchaient des glaces sur la plage ont pourtant fait leurs malles et encombrent la gare d'Ostende.

Les journaux sont inquiétants, mais faut-il croire les journaux ? Qui ne vivent que d'effrayer les gens ? N'est-ce pas en Europe depuis tant d'années un véritable *modus vivendi* que ces crises diplomatiques aiguës ? Dont les gouvernements et le grand capital ont besoin pour maintenir leur autorité ? Et faire accepter leur action et leurs défauts sous le couvert de l'urgence et de la nécessité ? Ah ! Des gens comme Zweig savent cela.

Dans quatre jours, il est attendu chez Verhaeren, la plus célèbre de ses relations, son ami ! Il doit passer deux semaines avec cet homme dont il est le traducteur, le biographe et dont on parle pour le Nobel ! Deux semaines dans le voisinage du génie, dans cette maisonnette de la campagne charmante du Hainaut, ces bois et ces prés, Zweig ne veut pas rater ça.

Mais Zweig ne sera jamais seul contre tous et, quand les derniers Allemands de l'hôtel s'en vont, quand le directeur de l'établissement le lui apprend, Zweig reporte à plus tard ses projets et fuit avec la fin de la troupe. Verhaeren, partie remise.

On s'excusera, on se comprendra, on se rabibochera.

Pas sûr.

Gare d'Ostende. Vapeur, fumée, charbon, cohue, enregistrement des bagages. Henry Van de Velde, sa femme, Maria, sa maîtresse, Else, se fraient un chemin. Leurs enfants, et pas seulement eux, portent sur l'épaule l'épuisette, la pelle et l'éolienne multicolore. Van de Velde est soucieux et opaque, comme à son habitude. Plus loin, agacé d'avoir à se serrer sur la banquette, Zweig ôte et remet constamment ses lunettes et se masse le haut du nez et les sinus. Sifflets, fanions, départ, vitesse et paysage.

Les enfants n'ont pas compris que les vacances soient écourtées. Allez donc le leur expliquer.

Passage de la frontière, après la jolie petite ville de Verviers. Contrôle des passeports, dans le train, qui progresse dans l'Allemagne. Quelques minutes après, le train s'arrête, relégué sur une voie de garage.

« Mais pourquoi ? » demande-t-on.

On explique :

« Pour laisser passer des convois.

— Des convois ?

— Des convois prioritaires. »

Alors, il n'est pas difficile de voir Zweig penché aux fenêtres, curieux comme cet écrivain reporter qu'il peut être.

Les bâches des lourds convois, qui passent et semblent enfoncer la voie ferrée dans son lit de caillasse, dissimulent mal la forme des canons.

Ainsi, tout mentait donc, et les protestations de paix, et la sainteté des traités ? Le noble esprit germanique allait-il donc trahir cet exemple qu'il doit au monde ?

Van de Velde aussi a écrit ses souvenirs de ce moment, et son œil de décorateur était frappé surtout par la craie, la craie multicolore, avec laquelle était tracée sur ces convois et sur d'autres que son train croiserait l'inscription en capitales « *NACH PARIS* ». Singulier détail, ces couleurs.

Si un troisième passager de ce dernier train vers l'Allemagne avait vaincu l'oubli, s'il avait laissé des mémoires, et s'il avait été musicien peut-être, il nous aurait transmis une idée des stridences à déchirer les tympans, entrecoupant le vacarme industriel de cet acier roulant sur de l'acier, de ce poids énorme emmené par la force énorme du charbon et de la vapeur, en blanc et noir.

Le train repart, fonce. À chaque arrêt, on se précipite pour arracher une éventuelle nouvelle édition du journal. Dans plusieurs gares, on voit déjà, se balançant entre les jambes, derrière les bottes noires, le sabre des officiers.

Van de Velde change, sans doute à Cologne, pour Weimar. Zweig continue jusqu'à Vienne. Aiguillage.

Il y a moins de monde dans le train. Zweig prend un peu ses aises, ouvre sans doute son grand porte-documents en cuir contenant des feuillets à l'estampille, vraisemblablement encore, de l'hôtel du Coq-sur-Mer, et commence cet article qu'il publiera presque aussitôt arrivé en Autriche, où il explique comment un pacifiste européiste et universaliste comme lui a pu sentir dans son cœur, en passant les gares et les villes de l'éternel génie germanique, les sentiments patriotiques prendre le dessus sur les amitiés qu'il quittait en Belgique et avec qui, deux jours plus tôt, une bière à la main, il plaisantait encore et professait l'union supranationale des esprits libres. Érasme ! Zweig, comme tu l'aimais !

À Weimar, sur la Grand-Place, ou place du Marché, des centaines de chevaux réquisitionnés par l'armée font un tel raffut horrible que la famille Van de Velde (les enfants, toujours avec le filet à crevettes en travers de l'épaule et en pantalon court) passe en se bouchant les oreilles. Hugo, Hugo Westberg, le fidèle dessinateur, rejoint son maître architecte.

« Et vos bagages, Henry…

— Ah, mon bon Hugo… C'est tout ce qu'on a. La moitié s'est perdue en route, vous auriez dû voir la cohue à Ostende… »

Zweig est engagé aux archives. Arme dangereuse.

Vienne, bureaux froids, poussière et grisaille. Mais en uniforme tout de même. Adjudant Zweig. Il n'a rien vu du front. Tout ce qu'il a connu de la guerre en un an de temps est d'ordre moral et dévastateur : la propagande triomphant partout, régnant seule, ayant tué la littérature et les littérateurs. Le mensonge obligatoire, érigé en devoir patriotique. Toute amitié perdue, détruite.

Ne pas savoir. Ne pas pouvoir savoir ou croire. Ce qu'on dit des horreurs des soldats allemands, par exemple, commises sur les civils, et de la destruction systématique et planifiée des trésors culturels, dont son ami, son ex-ami, Verhaeren ne cesse de se faire l'écho, avec virulence et haine. Il saigne, moralement, Zweig, et il ne peut pas croire que le soldat prussien en entrant en Belgique ait coupé des doigts, étouffé des bébés pour briser la résistance des villages et fourré dans sa besace, pour s'habituer à la mort, des pieds d'enfants. Pourquoi l'ex-ami Verhaeren, ulcéré d'une détestation subite contre la race allemande, colporte-t-il partout dans ses conférences innombrables ces racontars horrifiques ? Comment peut-on attiser à ce point le conflit et persuader les populations que la guerre que l'on fait échappe aux règles de la civilisation…

Pauvre Zweig, farouche, qui n'aime pas voir le sang. Tout le monde n'a pas le courage physique.

Zweig devra pourtant l'éprouver un petit peu.

Juillet 1915.

Mission, pour l'adjudant.

Fini, pour un laps, le temps libre dans la maison à l'écart de Vienne, où il conjure la solitude en s'enivrant des réponses que Romain Rolland, le célèbre homme neutre, fait de Suisse à ses lettres empressées.

Les Russes ont reculé, l'Autriche a récupéré sa légitime Galicie, à l'Est. Il s'agit, adjudant Zweig, d'aller collecter avant disparition les affiches, tracts et autres éléments de propagande slave restés sur le terrain. Vous prendrez le train en gare du Nord, direction l'orient de l'empire.

Zweig s'approche un peu du front. La guerre platonique va céder sa place au concret aristotélicien, les plaies, la chair, la vie qui fait des bulles d'air et de sang dans un ventre ouvert. Et encore, ce n'est pas en première ligne. Seulement dans le train-hôpital, qu'il a dû emprunter pour se rendre à Buda et où l'écrivain n'a bientôt plus de mouchoirs propres à se poser sur le nez. Il faut aider, en plus. Mettre la main à la pâte. Transporter des bassines, écouter, écœuré, l'aveu d'un chirurgien sans expérience et sans matériel. Voir mourir entre deux gares, et des couches de paille sordides se libérer comme par magie, mêlées de charpie et de pâte rouge. Dormir, tant bien que mal, assis sur une valise !

Arrivé à Budapest, le grand Zweig s'enfonce dans le bon lit du bon hôtel de cette bonne ville, où la guerre semble ne pas avoir paru, et se purge par le sommeil de toute cette fatigue de mort. Au point, se souvient-il, de s'être réveillé le lendemain après l'heure du petit déjeuner.

Reste à écrire tout cela, et beaucoup plus.

L'amitié de Verhaeren est perdue depuis si longtemps. Le fanatique à la moustache en forme de goéland a pris le parti français, et pas un peu.

C'est comme Maeterlinck. Tous ces Flamands déshonorent leur sang germanique en abandonnant leur langue et leurs racines, en exprimant leur génie local en un idiome de luxe et de confort qu'on leur a enseigné comme l'un des aspects des bonnes manières. Il faut dire que le flamand, on ne le leur a pas enseigné du tout. Voyez Van de Velde : voilà un vrai, un bon Flamand !

Et là, c'est un certain Osthaus qui parle, homme influent en Allemagne, raciste virulent, grand amateur d'art, soutien du génie de Van de Velde et futur légataire d'une collection qu'on visite aujourd'hui sous le nom de musée de la ville de Hagen. Voyez Van de Velde, écrivait Osthaus bien fort dans les journaux allemands : la Belgique n'existe plus, il n'y a que des Wallons ou des Flamands, et les Flamands sont une variété du Germain. Plus proche à la rigueur que les Autrichiens ou les Bavarois ! Il est des nôtres ! « La culture a ses racines dans le sang ! »

Osthaus entend défendre son ami contre l'hostilité des Allemands, qui voyaient en lui un sale Belge, un coreligionnaire de ces gens qui avaient fait tant de mal aux soldats prussiens. Oh oui, les journaux en sont pleins, des témoignages de l'extraordinaire cruauté des villageois belges, au passage des pauvres dragons, des pacifiques uhlans venus attaquer la France par légitime défense, et qui ne faisaient que traverser leur pays sur la pointe des pieds.

Mais les efforts d'Osthaus vaudront à Van de Velde moins d'amis en Allemagne que d'ennemis en Belgique, il s'en rend bien compte, Henry. Traître et boche, Van de Velde. Le maire de Weimar contraint ce fils d'ennemis à se présenter deux fois par jour à la mairie, pour faire acte de présence. Deux allers et retours de six kilomètres, ça rend la belle et longue avenue du Belvedere interminable, ça use les souliers et la patience. Ça rend l'automne horrible. Henry est au trente-sixième dessous. Son psychiatre, l'éminent professeur Binswanger d'Iéna, le fait transférer dans un sanatorium, où l'architecte oscille entre les crises de neurasthénie et les crises de phobie, se représentant le grand-duc de Saxe-Weimar tout rouge et en colère, et cassant des vases, et le menaçant de l'index. L'occasion rêvée pour avouer par correspondance à Maria Sèthe qu'il a une relation avec Else von Guaita depuis quelque temps. Quoi, elle ne comprend pas ? Docteur, mais qu'ai-je fait au bon Dieu ?

Restera la Suisse, mon pauvre Henry. Puis, après la Suisse, les Pays-Bas. Si tu savais, ta vie est loin d'être finie… Que dis-tu ? On n'est jamais à l'abri d'un accident ?

C'est certain. Et c'est toi qui le prouves, Émile Verhaeren.

Tu as toute ta liberté de mouvement, toi, du côté allié. Même, on t'appelle de partout. Tu reçois cinquante lettres par jour et tu en écris trente. Tu vas sur le front de l'Yser dans un manteau que le roi-chevalier lui-même t'a prêté. Et qui est si grand sur toi que les photos qu'habilement on tirera de toi ce jour y gagneront par l'ampleur du vêtement militaire et royal une dimension expressionniste d'un effet shakespearien. Ces photos de toi sont prises par El Greco ou par Rodin, et ce n'est que justice.

Tu donnes partout des conférences et tu publies des livres pour que le feu de la guerre et du front ne tiédisse pas dans l'intérieur des pays et qu'on n'oublie pas la nécessité de la lutte, la justice de la cause, la barbarie de l'ennemi, la victoire indispensable. Tu as découvert la haine et tu sers la haine, dis-tu, et c'est très étrange et douloureux pour l'homme qui était traversé de forces florissantes. Et tu es là, complètement abattu ou absent, sur le quai de la gare de Rouen, les moustaches plus basses que jamais, l'œil plus las et embué derrière les lunettes en œuf de caille. Hier soir, au musée des Beaux-Arts, ton éloquence a rejoué le drame de la guerre, une fois encore. Et le bénéfice de la soirée allait aux soldats blessés. Après quoi, m'a-t-on dit, tu t'es délassé chez cet ami qui tient un cabaret. Alors, est-ce la gueule de bois qu'on te voit dans l'effarement de la foule qui attend le train dans la grisaille mouillée de novembre ? Tu tiens une petite valise de cuir et de carton, on imagine, avec ton nécessaire. Le train entre en gare, des sifflets et des mouvements de fanion l'ont annoncé. On te bouscule, tu chancelles, pardon, pardon. Pas grave. Tu ne dis rien, depuis le temps que tu encaisses. Alors voilà. Dans le lavis de vapeur et le fracas poussif de la locomotive qui approche, sur ton front est passé un éclair. Tout le monde ne voit pas cela, mais cela se perçoit tout de même. Pensais-tu à la lumière de Saint-Tropez, cet été, en repos chez ton ami Signac ? Voyais-tu ce monde peint, où hélas on ne peut aller vivre, et qui est pourtant immortel ? Attention, le train. Attention, ça pousse. Chacun veut une place, il n'y en aura pas pour tout le monde. Mais tu es bien au-delà de ce souci, tu vas lentement, enveloppé dans la populace comme tu l'étais dans le manteau du roi, tu vas, lentement, et le train à côté de toi te dépasse, deux lenteurs relatives l'une à l'autre. Le son, quand passe un wagon, et avant que l'autre le suive, fait comme un vide, et la lumière y passe. Clignotement. On t'a poussé encore. Tu t'appuies contre le wagon, qui va, qui passe, t'emporte, tu roules, tu tombes entre quai et train, dans un trou du son, sur les tampons d'entre-voitures, et la lenteur, lenteur, du train qui est exactement comme celle du temps, lenteur qu'on n'arrête pas et qui n'a ni douceur ni pitié, te coupe les jambes.

La masse t'a poussé, la masse te récupère, te hisse à quai. Un demi-toi qui se vide de son sang, sans le décorum des stoïciens, peut-être, mais, depuis le quai d'en face, et par l'intermittence des espaces d'entre-voitures qui continuent de défiler, lentement, lentement, ton ami par livres, Sénèque, te regarde mourir avec sympathie et t'attend, t'attend, t'attend, là où il est.

Un an plus tard, quasi tout pile, dans un train de même lenteur, lenteur, la paix, non pas la vraie mais du moins sa pâle copie, celle qui se couche sur le papier et que des gens graves signent de leur nom et qui libère tout de même des millions d'hommes du devoir de tuer, fait son entrée lugubre dans la forêt de Compiègne et débouche dans la clairière de Rethondes, toute plate, plaie de pus gris dans le novembre exsangue. 1918.

Wagon plus sobre qu'on ne l'aurait cru – pas de profonds sièges en velours, point de capitonnage et d'odeur de tabac mondain, mais, d'après une photographie, une table austère, des chaises garnies en cuir et cloutées, des volets aux fenêtres et des miroirs entre. Seul à faire coquet, l'abat-jour à glands des lampes bouillottes. Cinq alliés, cinq Allemands, enfin, une poignée de chaque. Foch, Wemyss, Pagezy, Hope, Weygand, Oberndorff, Gruennel, Detlof, Vanselow, Erzberger, et deux personnes dont on adorerait lire les souvenirs : les secrétaires Grandchamp et Deledicq.

Un jour récent, pour rendre la visite de la clairière de Rethondes plus attrayante à mes enfants, je leur avais inventé que l'un des plénipotentiaires allemands s'était emparé du stylo après les signatures, pensant que cet objet, cette relique à vrai dire extraordinaire, vaudrait un jour très cher. L'imagination fertile créait bien vite toute une destinée à ce stylo, longtemps trésor de contrebande avant d'échapper miraculeusement à la volonté destructrice des nazis grâce à l'héroïsme désintéressé d'un sergent attaché au service de Himmler et qui le lui avait subtilisé. Après quoi, le stylo-plume, un Waterman Réservoir de 1912, corps en écaille de tortue et frappé d'un RF (République française) sur l'attache d'argent du capuchon, reparaissait chez un marchand d'art croate du nom de Mimara, individu louche, qui le vendait à son tour à un milliardaire américain dont le père était mort aux derniers jours de la guerre dans l'offensive finale de Meuse-Argonne. En 1988, pour la commémoration de l'armistice, le fils du milliardaire, récemment décédé, en faisait don au MOMA de New York, qui l'exposait un an durant, jusqu'à ce qu'un examen attentif vienne révéler qu'il s'agissait d'un faux. Soit d'un faux complet (une forgerie), soit d'une falsification (une copie). La chose n'était pas sûre. Un de mes amis, le prince Kosckek, de Zagreb, prétendait quant à lui posséder l'authentique, mais ça, c'était une autre histoire.

Hélas, le stylo-plume de l'aventure et le prince Kosckek n'ont jamais existé. Une photographie semble prouver même qu'on a utilisé pour signer l'armistice un porte-plume simple et franchement laid, ressemblant assez à un décapsuleur que j'ai longtemps vu chez mes parents : un manche de bambou, équipé de sa douille classique, à laquelle vient se fixer une plume amovible en acier tout à fait banale et industrielle.

Le train de la paix lui-même fut détruit dans la guerre suivante et le wagon de Rethondes qu'on aime à vénérer n'est qu'un modèle analogue retrouvé par hasard et en bon état quelque part dans la Transylvanie roumaine.

Peu de symboles, hélas, matériels prolongent pour nous la dramatique entrevue. La fièvre symbolique n'était toutefois pas absente, puisque la paix signée avant l'aurore (5 heures) patienta jusqu'à 11 heures du matin pour être claironnée, histoire de faire 11 du 11 à 11 heures. Alors seulement, au signal de ces six 1, les cloches du continent allié et des millions de paroisses tintèrent à en déchirer les tympans, partout, partout.

(Les cloches avaient sonné aussi quatre ans et demi plus tôt, à l'été 1914, tocsin, pour appeler les hommes sous les drapeaux.)

(Je n'aime plus les drapeaux.)

Pour que les négociations de Rethondes soient avalisées par l'autorité du souverain, l'empereur Guillaume II, dont elles exigeaient l'abdication, il avait fallu qu'un officier allemand sous courte escorte traversât les lignes de front, à l'envers, pour rejoindre cette petite ville de vacances, ce spot touristique belge où l'Ogre avait déplacé son grand quartier général : Spa.

Là, étudiant la proposition d'armistice, à Spa, sous les moulures d'un hôtel Belle Époque, le grand chef des casques à pointe se résout à abdiquer. On a discuté des options, des alternatives. À vrai dire, elles sont nulles, mais loin du feu et de la réalité, tout semble possible, loin de la mort, loin d'une Allemagne qui le hait, en proie, comme on dit, à la guerre civile. Il est certain, d'ailleurs, que tout est un complot contre lui. Tout bon bourreau se sent victime. Son œuvre sainte et pie est méconnue de tous et ses aides de camp le trahissent avec cette paix… Il ignore en revanche (ou quelqu'un le lui a-t-il dit, la rumeur a-t-elle filtré, est-ce pour cela qu'il a baissé la garde ?) le plan que ses conseillers les plus stratèges ont établi, et auquel il échappera finalement : ne pas signer l'armistice, transporter l'empereur sur le front, le faire mourir sous le feu ennemi, en héros, pour laver son image, sauver la dynastie, et rallumer la flamme patriotique dans l'armée et dans la population sous la bannière du prince héritier. Sacrifier Guillaume II comme un bouc ! Tout est prêt : on a choisi le lieu, la tranchée précise où cela se passera et le moment. Se débarrasser de l'empereur, ranimer la fougue allemande, éviter l'humiliation et l'abdication tout d'un coup, et reprendre le dessus dans cette guerre.

Cette page d'histoire ne s'écrira pas. Au lieu de quoi, l'empereur monte en auto, descend des hauteurs de Spa jusqu'à la vallée large de la Meuse, à Liège, monte dans un train spécial, qui est sans doute son train personnel, le Hofzug Kaiser Wilhelm II, son Air Force One, dirait-on aujourd'hui, qui l'attendait sur une voie de garage. Ce train-là était célèbre et mon cousin me l'a montré plus d'une fois, quand j'étais petit, dans sa collection de miniatures Märklin : bleu de Prusse du bas jusqu'aux fenêtres, crème ou café au lait au-delà, une voiture à deux boggies de deux essieux pour le transport des servantes et une voiture-restaurant à deux boggies de trois essieux… Intérieur conçu par l'architecte décorateur brillamment conventionnel

Otto Lessing, lambris d'acajou flammé, mobilier en loupe de noyer, dont un lavabo rétractile, tentures à rinceaux sombres. On n'a probablement pas, ce jour-là, en gare de Liège, autorisé le Kaiser à accrocher en queue de train sa voiture mitrailleuse.

C'est ce serpent de luxe et d'acier qui traverse la Belgique et s'introduit dans ce royaume de Hollande neutre, néanmoins ami du bon Guillaume.

Passé par Venlo, par Nimègue, le train s'arrête à Maarn. L'empereur, sous les huées.

Ce qui ne l'empêchera pas de profiter de l'hospitalité d'un grand aristocrate local puis de faire l'acquisition d'un joli domaine, pas loin de là, dont le château mérite une rénovation. Et dont les bois excitent d'avance la grande passion de ce Prussien vigoureux : abattre des arbres, débiter des bûches à la hache et tenir de cet exercice une comptabilité minutieuse jusqu'à la manie. C'est au village de Doorn, qui veut dire « épine ».

Songe-t-il, Guillaume II, à Van de Velde, pour ce travail ? Pour restaurer le château de Doorn ? De son propre chef, c'est peu probable. Mais qu'on ait pu le citer dans une liste des maîtres d'œuvre possibles, architectes décorateurs de renom et disponibles dans la région, c'est vraisemblable. Les Pays-Bas n'accueillent-ils pas tous les transfuges de la paix, les persona non grata que les pays au sortir de la guerre, bourrés de ressentiment, produisaient par centaines ? Le pas assez belge et un peu trop allemand Van de Velde, le ni-ni, le neutre, le libre, le tiède à sa façon, n'est-il pas là, tout près, chez les milliardaires Kröller-Müller, engagé pour leur dessiner un beau pavillon moderne où abriter leur collection d'art ? Oui, ce bâtiment où même les grandes baies vitrées parviennent à être tristes, qui fait plus de mille visiteurs par jour et que j'irai arpenter bientôt avec mes gamins, pour continuer de leur raconter l'histoire, l'histoire de l'art, l'histoire qui flotte comme un mauvais rêve. Et aussi pour leur rallonger la mémoire.

Alors qui sait, en colophon, je ferai un crochet par Doorn, visiter la mémoire de Guillaume II, montrer les 60 hectares de forêt où l'Ogre se promène avec sa hache, raconter aux gamins la féerique farandole des soixante-huit wagons qui arrivent de Berlin et de Potsdam avec l'immense mobilier de ses châteaux allemands. Le grand train que l'empereur déchu mène dans son refuge hollandais, où habitent régulièrement, mais oui, représentez-vous ce monde, cette cour, cinquante personnes en permanence, dont trente domestiques. C'est drôle : en 1920, l'empereur prépare les funérailles de sa femme, qui meurt en 1921. Entre 1920 et 1929, on sait par ses registres qu'il abat vingt mille arbres, qu'il destine à son chauffage et, oh le bon protestant, à la distribution de charité. Il soigne une roseraie, il fait de l'archéologie par correspondance, collectionne avec une passion d'enfant les images de Gorgone, organise des colloques d'histoire des civilisations pour prouver essentiellement deux choses : que Jésus n'était pas juif et que l'Allemagne a la mission de régénérer l'Occident. Oh, il y en aurait des choses à raconter. Mais tout le monde est fatigué. Allons lécher une glace.

Et puis hop, à la gare, *back home*.

Grégoire Polet *est romancier. Ses romans,* Madrid ne dort pas, Excusez les fautes du copiste, Leurs vies éclatantes *(sélection Goncourt 2007),* Barcelona !, *etc., sont parus aux éditions Gallimard. Son dernier roman est une utopie politique :* TOUS *(Gallimard, 2017).*

F
voie
5

Compost

En ce moment, si j'ai bien compris, ça craint pour les petites lignes et la statue du cheminot. Certes. Mais, moi aussi, je suis en danger, et presque personne ne me défend. Personne ne va se mettre en grève perlée pour sauver ma carcasse.

Pourtant, je ne suis pas du pipi de chat ferroviaire, je suis une sorte de juge de paix, quand même, faut pas pousser.

Je m'aime bien. Je suis d'une belle couleur jaune, genre citron pas frais. Mes coins sont bien arrondis, je suis comme une tête immémoriale, en gros un moai, un tiki de l'île de Pâques en plastique agrumeux, et je patiente, sans emmerder quiconque, dans presque toutes les gares de France. Mon piédestal est juste ce qu'il faut d'ergonomique, mais, la plupart du temps, je suis directement accroché au mur.

J'ai une jolie loupiote oblongue et verte qui prouve que je suis en marche, comme tous ceux, d'ailleurs, qui veulent tout changer et me propulsent vers le Grand Vide-Greniers… En Marche… On croit rêver. J'ai une fente bien droite et sombre, mais horizontale, et un petit tableau luminescent, juste au-dessus, où s'affiche, quand il est nécessaire, le message suivant : « Veuillez tourner le billet dans l'autre sens. » Alors, si le voyageur y va lentement, je pousse, quand tout va bien, une sorte de cri rageur, proche du plaisir, pas un claquement comme mes ancêtres, non, un grésillement orgasmatique de style électrique, et j'imprime sur le billet, de façon kabbalistique, la date, l'heure et l'âge du capitaine.

Vous le savez à présent, je suis le composteur. Et, donc, je composte. Mais attention, je ne tolère pas les épluchures de patates. Je suis celui qui prépare le boulot du contrôleur. Composteur-contrôleur, un couple parfait, l'amour total, réunis par le PACS des règles légales des transports en commun.

Enfin, tout ça, c'est quand tout va bien. Parce que je m'ennuie passablement. J'ai beau être à une place de choix pour voir passer plein de monde, et pour du spectacle, y en a, du spectacle. Il y a tous ceux, tranquilles, posés, souriants, qui ont trois quarts d'heure d'avance, des esthètes, des moralistes, et il y a aussi ceux qui courent comme des lapins fous parce qu'ils vont louper le train. Il y a les amoureux qui s'embrassent comme s'ils allaient se manger, il y a les gosses qui hurlent, avec une belle voix d'écorché vif, il y a d'autres enfants qui, dès qu'ils voient le train, se mettent à vomir, il y a les poètes, nez en l'air, qui s'étalent en se prenant les tibias dans des valises à roulettes, il y a les malchanceux qui, portant d'autres énormes bagages noués de ficelles et de sandow, gueulent comme des veaux quand ceux-ci s'ouvrent inopinément, il y a les chiens névrosés qui tirent sur leur laisse comme des malades, il y a les vigiles impassibles comme des armoires sombres, et, les jours de plan Vigipirate, les beaux militaires marchant trois par trois, la mitrailleuse sous le bras, et le béret vert sur l'oreille. OK, j'ai beau être bien placé, d'accord, le spectacle est de qualité, mais à force je m'ennuie, je me fais chier, je frôle le burnoutte. Même si des gosses facétieux viennent se faire imprimer des bouts de journaux, des coins d'*Astrapi*, des cartes à jouer ou tout autre objet suffisamment plat pour m'entrer dedans, même si des madones de sleeping font toujours très gaffe à leurs ongles de dix centimètres de longueur nacrée.

J'ai pourtant essayé de lire les destinations sur chaque billet, pour rêver un peu, mais, au bout du quai où je trône, la plupart des trains vont vers Montargis, alors ça va bien cinq minutes, même si, souvent, je rigole quand les voyageurs se trompent de train, ou bien quand ils compostent le billet de retour. Mais ce genre de gag ne m'amuse généralement que peu de temps.

Alors, je me paye quelques petits moments d'ultraviolence, je me dérègle, je refuse de composter. Tout en laissant ma petite fenêtre verte allumée, pour tromper l'adversaire. Et là, c'est le bonheur. Les voyageurs se ruent sur moi, mettent leur billet, rien, le tournent, toujours rien, le mettent sur l'autre tranche, encore rien. Alors, c'est un festival, inversement proportionnel au temps qu'il leur reste pour grimper sur le marchepied magique.

La version simple, un peu bête :

« Qu'est-ce que c'est que ce bordel ? »

La version vaguement paranoïaque :

« Ah ouais, bien sûr, ça tombe sur moi, je suis maudit ! »

« Ça m'aurait étonné que ça marche, tiens, ça m'aurait étonné ! »

La version parano-syndicale voire réactionnaire :

« C'est bien le service public, tiens ! »

« On est pris en otage ! »

« Et c'est nous qu'on paye cette merde ! »

« Ah, ça pour un progrès, c'est un progrès ! Mais ils ont quoi dans le cigare, à la SNCF ! »

« Si c'est cette enclume qu'on finance avec nos impôts ! »

« Voilà... une invention de technocrate, ce truc... Ou de Bruxelles... »

Des fois, on me tape dessus du plat de la main. J'avoue que j'aime ça. Des fois, c'est la compagne du voyageur qui hurle. Et là on atteint les sommets du théâtre brechtien, avec des dialogues ciselés du genre :

« Mais qu'est-ce que tu fous ? On va rater le train ! »

« Ça ne marche pas ! Il est planté ! »

« Ben, va à l'autre, pauvre nouille ! »

« Il est où ? »

« Ben, là-bas, t'es aveugle ? »

« Mais t'as vu le monde qu'y a ? »

« Ben, bouge-toi, cours sur l'autre quai, mais magne, on va vraiment le rater ! »

« Bon, on s'en fout, on monte, j'irai voir le contrôleur et, s'il me cherche des poux, crois-moi, il va m'entendre ! »

« Arrête, tu vas t'écraser, comme d'habitude... »

Et ainsi de suite jusqu'à l'écœurement. Alors, je me concentre et me remets en marche, grelottant avec ivresse et reprenant la vie, quand même, il faut le dire, passionnante du compostage perpétuel. Perpétuel, c'est un bien grand mot.

Parce que le problème est ailleurs. Le monde change. Là est la menace. Je suis un peu comme tout un chacun. Je suis à la merci des téléphones portables. Tout voyageur ayant un 2G, 3G, 4G, 12000G est un ennemi. Il croit qu'il va pouvoir voyager avec son téléphone branché sur un point G perso. Qu'il crève. Et il y a l'informatique tous azimuts. Ces vacheries de e-billets où est marqué : « Vous faites pas chier, ce n'est pas la peine de composter votre billet. » Un comble, légèrement infamant, un refus de moi-même, une manière de me traiter de con(posteur).

Alors je rêve. Quitte à ne plus servir à rien, autant espérer la gratuité totale. Et là, on verra le baston pour avoir des places. Et là, on verra que les années 1950 reviendront, avec des voyageurs qui arrivent deux heures à l'avance pour espérer pouvoir monter dans un train, déjà bondé et peuplé de semblables qui sont revenus au Moyen Âge, une hache aiguisée posée, dans la valise, sur les pyjamas.

Alors, avec les collègues, on va se venger. Ma foi, il y a pléthore de films avec des zombies attaquant ce qui reste vivant dans nos belles villes modernes. Et, à la première manif de composteurs, ça va saigner. Nous, les gaz lacrymo, on s'en fout. On va foncer dans le tas des « bleus », on va les composter et leur imprimer sauvagement, dans leur chair, comme un tatouage infâme, le jour, l'heure, l'âge du capitaine et, s'il le faut, quelques sentences tirées des écrits de Bakounine.

Jean-Bernard Pouy *est l'auteur de plus d'une centaine de romans, de deux cents nouvelles et d'autant d'articles. C'est dire s'il est responsable d'une sacrée déforestation, alors qu'il n'a jamais voulu écrire. Mais on l'a forcé et, depuis, il s'amuse effrontément sur le dos des lecteurs.*

Attention aux trains

L'air de la gare
Une (petite) aventure
de Gabriel Lecouvreur, alias Le Poulpe

« Eh, Gabriel ! Tu vas où comme ça ? m'a gueulé Gérard de derrière son bar.

— À Groix, j'ai répondu. Il paraît que les Gourzouts veulent reprendre le projet des nazis d'ouvrir un tunnel pour faire passer une ligne de chemin de fer entre Lorient et Port-Tudy.

— Les quoi... ?

— Les Gourzouts. C'est le nom que donnent les Groisillons au reste du monde. Si on soustrait les deux mille trois cents habitants de l'île du nombre d'habitants de la planète, on tombe pile-poil sur la quantité de Gourzouts en activité.

— Mais c'est la grève des trains, a argumenté Gérard, croyant sans doute m'opposer un argument dirimant.

— C'est bien pour ça que j'ai choisi une île, hé ballot. »

Il m'a lancé le regard inquiet de celui qui n'est pas sûr de comprendre.

Pourquoi Groix ? me direz-vous. Je ne m'en souvenais plus. Peut-être à cause du léger vent d'ouest qui soufflait ce jour-là sur la capitale et incitait plus à prendre le large que sa carte d'électeur. Des électeurs, il y en avait justement un panel représentatif dans le bistrot de Gérard en train de s'empailler gravement sur la grève. La dernière fois, c'était sur la présidentielle qu'ils s'empaillaient, et ils s'étaient débrouillés pour offrir un score de dictateur caucasien à un godelureau de droite qui se prétendait le dernier recours contre la droite.

Quelle droite ? La vieille en chemise brune ou celle en Porche Cayenne ?

Moi, je m'en fous, je ne vote pas. Pour être plus précis, je ne vote pas, mais je ne m'en fous pas non plus. Enfin, pas tout à fait. Je me farcis toutes les soirées électorales et je me fous en rogne quel que soit le résultat. Surtout quand c'est la gauche qui gagne. À défaut de pouvoir empêcher les autres de se mettre à danser la gigue en picolant le champagne que Gérard garde pour les grandes occasions et qu'il appelle son *velours*, tout en veillant soigneusement à en garder pour la vaisselle du lendemain – c'est le seul truc qui vienne à bout du graillon au fond des casseroles, m'a-t-il avoué un jour qu'il était plus bourré qu'une urne corse – je deviens désagréable. Je les aime bien, mes potes – quelques-uns sont même assez souples pour être libertaires d'une main et électeurs de l'autre – mais, franchement, faut être futé comme une cafetière pour oser fêter une victoire de la gauche. On essaye de vous faire croire que les socialistes ont conquis le pouvoir, alors qu'au contraire c'est le pouvoir qui a conquis les socialistes. Résultat : on vous promet pendant des mois une tartine de Nutella et il faudrait se réjouir d'en recevoir une de merde… C'est pour ça que j'ai toujours préféré les victoires de la droite. Ça stimule. On se dit que ça va bien finir par craquer et on dépoussière son vieux casque de 68 en gueulant : *Hasta la victoria, siempre !* Ça ne sert sans doute pas à grand-chose, mais ça fait rêver. Vous en connaissez beaucoup, des occasions de rêver, dans un pays où une majorité de braves gens approuve qu'on détricote les lois sociales de la République ? Une victoire de la droite, c'est la certitude d'avoir échappé une fois de plus au camp des cocus. Ça fait quand même réfléchir, non ?

La meilleure preuve, c'est que, dès que la droite revient au pouvoir, les grèves refleurissent, alors que, sous un gouvernement de gauche, les prolos subissent en silence. C'est comme s'ils avaient peur de faire de la peine à des gens qui se sont donné tant de mal pour oublier d'où ils viennent.

C'est pour ça que j'adore les jours de grève ; surtout de grève SNCF. Alors, quand j'ai entendu le grand couillon qui radotait déjà depuis une heure sur *la statue* des cheminots s'écrier d'une voix avinée : « Vous voulez que je vous dise ? La SNCF, c'est Sur Neuf Cinq Fainéants », j'ai décidé d'aller prendre le train pour ailleurs, Groix en l'occurrence.

Quand j'étais môme et que je voyageais encore en famille, mon oncle s'arrangeait toujours pour arriver à la gare au moins trois heures à l'avance. « Il a encore raté le précédent », ricanait ma tante, qui détestait les voyages et le train. Mon oncle, lui, se justifiait en respirant à pleins poumons un air chargé de relents de charbon, de gasoil et de ferraille, avant d'aller se taper un sandwich SNCF (pain rassis, beurre rance et pantalon de velours), qu'il faisait descendre d'une rasade de bière tiédasse en s'exclamant : « Tu vois, petit, ça, c'est l'air de la gare ! »

L'air de la gare ? Encore un de ces trucs que prononçait mon oncle d'un air mystérieux, comme s'il s'agissait d'une formule magique, une incantation ésotérique qui, si je la comprenais un jour, fendrait pour moi le haut plafond de la connaissance. Un peu comme la baisse tendancielle du taux de profit.

Du temps de mon oncle, quand les communistes s'ébattaient encore en liberté dans nos jolies banlieues, les choses étaient plus simples. Ils étaient fringués comme Khrouchtchev, parlaient de lutte de classes et de masses populaires et, chaque fois qu'ils étaient à bout d'arguments, ils vous balançaient *la baisse tendancielle du taux de profit.* Mon oncle n'était pas tout à fait communiste, mais il était franchement fana de la B.T.T.P. Ma tante, elle, prétendait qu'il n'avait pas la moindre idée de ce que ça pouvait bien être, mais ma tante était légèrement partiale sur tout ce qui concernait mon oncle. De toute façon, Mitterrand a fait entrer les communistes au gouvernement et ils ont disparu, emportant avec eux la baisse tendancielle du taux de profit…

Et puis un jour, en juin 1968, j'ai vu la gare du Nord figée par la grève et, devant le spectacle formidable de ces machines arrêtées, de ces kilomètres de rail qui commençaient déjà à s'oxyder, de ces quais vides, silencieux, d'où sourdait une obscure menace, devant ce lourd silence pesant sur ce qui avait été un vrai tohu-bohu de clameurs et de sons, devant cette énorme puissance dont le sommeil provisoire immobilisait le pays tout entier, j'ai compris que ce que tonton appelait l'air de la gare était en fait une de ces contrepèteries, une de ces phrases idiotes qu'il me balançait parfois avec un sourire mystérieux. En vrai puriste du contrepet, mon oncle savait que l'on ne traduit jamais une contrepèterie ; *comprend qui peut,* comme disait Bobby Lapointe, et il m'a donc laissé trouver tout seul celle qui avait vraiment du sens pour lui.

Le rail est une composante majeure dans l'art de la guerre des peuples contre le capital, et tonton l'avait trouvé tout seul sans avoir lu Marx, qui multiplie dans ses écrits les références au chemin de fer. Si l'on se souvient que Lénine rentra en Russie caché dans un wagon, que Trotsky fit du train l'arme absolue de la victoire des soviets et que les bolcheviks auraient dû se méfier de la propension du jeune Staline à piller les trains, on comprend l'importance du chemin de fer dans l'histoire du mouvement ouvrier.

À partir de là, je me suis mis à estimer le climat social à l'aune de la colère des cheminots. Ces types ont dans les mains une arme quasi absolue. Pour un gouvernement, les foutre vraiment en rogne, c'est comme se tirer une balle dans le pied pour un marathonien. Il suffit qu'ils s'arrêtent pour que tout s'arrête avec eux. Ça fait rêver, non ? En tout cas, moi, ça m'impressionne, et je m'arrange toujours pour aller faire un tour dans une grande gare en grève, pour repérer l'équipe de journalistes venus, en toute objectivité, recueillir les lamentations et les cris de colère de tous ces braves gens *pris en otage par de dangereux individus qui profitent de leurs scandaleux privilèges pour bloquer le pays au nom d'une idéologie*...

Ils finissent toujours par me repérer et me tendre leur micro. Allez savoir pourquoi, aucune chaîne ni station n'a jamais passé mes réponses à l'antenne...

J'y fais pourtant volontiers étalage de ma culture et je leur cite chaque fois cette phrase des *Essais :* « Toute ma petite prudence, en ces guerres civiles où nous sommes, s'emploie à ce qu'elles n'interrompent ma liberté d'aller et venir. » Tout est là. Tout est là. Si Macron avait lu Montaigne au lieu de d'Ormesson, on n'en serait pas là.

J'ai fini par trouver un train. Chemin faisant, j'ai repensé à l'article de *Ouest-France* qui avait provoqué mon départ inopiné pour Groix. On y disait que Veolia venait de s'emparer de la Compagnie morbihannaise de navigation, CMN pour les usagers, soit l'intégralité de ceux qui veulent rejoindre les îles du Ponant.

Le fort vent de suroît qui soufflait sur la rade de Lorient faisait claquer les drapeaux de la compagnie maritime. Il aurait suffi d'un calme plat pour que je n'y visse pas le nom de Veolia flotter en lieu et place de celui de la CMN. C'était déjà triste, mais c'était que dalle à côté des tee-shirts, sweat-shirts, chemises et vareuses des marins et employés de la compagnie. On a beau être habitué aux facéties de mauvais goût des capitalistes, mais franchement, obliger des marins à porter sur leur tenue le nom d'un marchand d'eau douce, c'est vous inviter ouvertement à reprendre la Bastille.

Patrick Raynal *est né à Paris le 1er juillet 1946. Successivement cancre, maoïste, maître ès lettres, taulard (un petit mois), chasseur alpin (douze longs mois), assureur (dix-huit ans), auteur de romans noirs (en cours), chroniqueur littéraire, directeur de la « Série noire » (quatorze ans) et directeur de « Fayard noir » (quelques années). Marié (une épouse), père (trois fils), grand-père (une petite-fille).*

À moi les réductions !

« Vieillir n'est pas un sport pour les mauviettes », disait déjà Bette Davis, une dure à cuire. Dans la famille de mon père, on commençait l'entraînement très tôt en ne célébrant jamais les anniversaires, même des enfants. Pour le sien, le 18 juin, le « chut-chut day », on devait lui souhaiter un « happy chut-chut day ! » sans autre allusion. Sa mère avait maquillé sa date de naissance sur sa propre carte d'identité et les deux ans de sa petite-fille étaient déjà un secret d'État : ni gâteau ni fatales bougies indicatrices.

Aucun nouveau plaisir en perspective donc, sauf un. L'unique, le seul, le premier, juste à l'orée du grand âge, que me révéla, il y a presque vingt ans, mon bon docteur de Trouville, une merveille dont il tirait déjà les plus grandes satisfactions : la carte Vermeil ! Et cette couleur se mit à chatoyer soudain comme un lever de soleil sur la mer grise à l'horizon de mes années, même sous son nouveau nom de Senior +.

À l'inverse de tous les autres, j'attendais donc avec impatience cet anniversaire-là et, au jour dit, le formulaire déjà imprimé et rempli, la photo prise et découpée, je faisais la queue dès l'aube devant un autre guichet que mon sempiternel « départ immédiat », où s'égarent toujours une malpolie ou un procrastinateur en train de se demander quel jour ils vont poser leurs congés alors que c'est pourtant marqué en gros « départ immédiat » et que mon train s'annonce déjà sur un quai... Bref, 60 euros pour la carte : et je n'ai pas le droit à un étui ? Si : un étui plastifié, et mon bonheur est là, insolent.

Nullipare, n'ayant donc jamais pu espérer accéder même au plus bas échelon de la catégorie famille nombreuse, et pas militaire non plus (on appelle avec envie à Saumur les généraux à la retraite des « quarts de place » à vie), me voici enfin sortie de cette terrible zone indifférenciée des 26-59 ans, ces exclus parmi les passagers de la SNCF. À moi les réductions ! Nous, les vieux, on adore ça. J'envoie un mail triomphal à mon bon docteur, qui répond :

« L'idéal, quand on a enfin obtenu la carte Senior, c'est que l'on vous demande votre carte d'identité pour vérifier votre âge, j'ai eu ce privilège une fois, oui... »

Ah, la coquetterie masculine ! Heureusement qu'elle existe, car les copines qui me téléphonent pour me souhaiter un bon anniversaire me suggèrent plutôt de commencer à le cacher.

Pour étrenner ma carte, je dois aller à Nantes pour une réunion le 8 mars à 10 heures. Départ Paris 7 h 45, arrivée Nantes 9 h 50 ; et ensuite le tramway local, en face de la gare, direction François-Mitterrand, station Chantiers-Navals. Parfait.

J'achète le e-billet avec l'ordinateur, et trouve ma nouvelle case Senior + en tapant les chiffres encore assez vite pour éviter le toujours vexant : « Serveur injoignable, réessayez plus tard. »

À la gare Montparnasse, inutile de me précipiter avant qu'on affiche le numéro de quai, vingt minutes avant le départ. Ce top donné, tout notre petit monde à roulettes se rue d'un coup vers des portiques qui s'ouvrent quand on pose le code-barres du billet à plat devant la machine, comme dans les aéroports.

Après, en marchant, il faut lire les chiffres des wagons sur leur flanc, et je remonte vers mon numéro 12 ; deux TGV se suivent, et il est dans le plus loin, évidemment ! Je double la locomotive du second, quand, au niveau du mien, ça commence à sonner de partout ; je demande au contrôleur sur le quai : « C'est quoi, ce bruit, le train part dans dix minutes !

— Non, il part à trente-cinq, montez ! »

J'ai dû confondre ; je grimpe, avec lui derrière moi ; les portes couinent et se referment toutes d'un coup, soudées. Je lui montre mon billet :

« Vous n'êtes pas dans le bon train !

— Alors ouvrez-moi !!!

— Je ne peux pas. Le train est parti, premier arrêt : Vendôme !

— Quoi, Vendôme ?

— Vous allez où ?

— À Nantes ! C'est marqué dessus !

— Mais qu'est-ce que vous faites là ? »

Je me le demande aussi ; j'étais sous le bon portique, mais ça devait être en face, il est tôt ; j'avais tout bon, et une minute de relâchement, paf, c'est l'âge… Pourtant, jeune, ce n'était pas mieux, la première fois où on m'a laissée prendre le train seule, j'ai oublié ma valise sur le quai aux pieds de ma grand-mère, qui agitait son mouchoir.

Enfin, depuis que ma nièce Hortense a travaillé comme « gilet rouge » à la SNCF, chargée de renseigner les voyageurs pendant les grands départs, sous le nom de Julie, selon le judicieux conseil reçu pendant sa formation de changer son prénom inscrit sur le gilet (quand on se fait engueuler toute la journée, c'est moins dur sous pseudo), j'évite de m'en prendre au type en uniforme qui n'y est pour rien, ce jouissif réflexe universel.

Le contrôleur consulte sa machine électronique : comment faire ? Si je descends plus loin à Saint-Pierre-des-Corps pour changer en direction de Nantes, je n'y arriverai pas avant le milieu de l'après-midi…

« Le mieux, me dit-il, c'est de descendre à Vendôme et de repartir dans l'autre sens pour arriver à 9 h 29 à Paris et reprendre le TGV suivant de 9 h 40 pour Nantes.

— Je n'aurai jamais le temps de racheter un billet !

— Je vous fais un mot jusqu'à Paris, après vous verrez. »

Il me note les heures et écrit : « Merci de ne pas inquiéter entre VDM et PMP, les portiques ont ouvert », et signe avec son code secret. « Bientôt, soupire-t-il, on nous remplacera par des machines en gare. » C'est déjà le cas, hélas, la machine n'aurait pas dû m'ouvrir.

Et pour ma réunion ? J'envoie un message, je me suis trompée de train, en route pour Vendôme, arriverai vers midi. C'est très étrange de foncer à toute vitesse à contresens vers une gare nulle au milieu de nulle part.

À côté de la gare de Trouville, l'une des plus jolies du monde, celle de Vendôme-TGV peut figurer sans conteste parmi les plus moches. Toujours déserte, une gare fantôme. Giscard, dit-on, l'avait fait construire pour desservir le château voisin de sa belle-famille. Il n'y a qu'un seul quai, pour aller à Paris et en revenir, et un parking au milieu de la Beauce, morne plaine. Les gens le prennent pour aller travailler ; à cette heure-là, on n'est que deux à l'attendre. Il fait un froid de canard et je lis un polar suédois qui se passe au début du printemps, en très lente décongélation, ton sur ton.

Je tends mon billet à la contrôleuse du retour en grognant : « Vraiment, c'est malin d'être allée à Vendôme pour rien. » Elle se marre : « Pas pour rien, on s'est rencontrées, c'est la journée de la femme, prenez-le comme un cadeau ! » Elle a raison, au lieu d'assister à une réunion assommante, je suis sur les traces d'un psychopathe, « devant le centre commercial de Jungfruplatsen, oublié des dieux avant même sa construction », bien pire que Vendôme… Dans les pays de l'Est, les femmes se font des petits cadeaux entre elles le 8 mars ; on devrait en faire autant. J'ai gagné un tour de manège gratuit, en fait.

Arrivée Paris 9 h 26. Départ Nantes 9 h 40 : je n'ai que dix minutes pour attraper le TGV, je le repère, pas le temps d'acheter un billet, j'explique mon cas, une autre cheftaine de train m'installe au bar à l'étage en attendant. C'est la journée de la femme, me répète le barman ; il n'a plus de viennoiseries, mais le meilleur cake du monde, selon lui, avec des grains de pavot et un café. N'est-ce pas délicieux ? La cheftaine revient me voir quand elle a casé tout son monde, si je veux une vraie place… Non, j'aime bien le bar ; on y a une large vue. Elle regarde mon billet, « ne pas inquiéter entre VDM et PMP », elle met son tampon, OK ! Ne me fait rien repayer. C'est bien ma fête, décidément. J'arrive même à poursuivre un type à vélo à toute vitesse dans Stockholm…

Soutenir une grève quand on est un simple usager, même Senior +, peut sembler paradoxal, puisque les grèves sont supposées vous enquiquiner ; cependant, cette grève-ci, avec son calendrier annoncé, si joliment « perlée », relève au contraire d'une grande attention. Ce partage de l'information permet de s'organiser, et ça change tout, pour les voyageurs occasionnels, en tout cas. Quant à défendre l'humain dans les rouages, c'est la moindre des choses.

Pendant les grèves de Mai-68, dont on fête l'anniversaire, les cheminots occupaient la gare de Saumur, à l'arrêt complet. Entendant un paquet faire « ouaf ouaf ! », ils découvrirent un petit chiot dans une cage, en provenance d'Alsace : Raudy. Lisant le nom du destinataire, ils appelèrent ma mère pour exfiltrer son teckel discrètement, en pleine campagne, sans briser la grève. Grâce à eux, le jeune Raudy séduisit notre vieille Kila, ils vécurent heureux et eurent beaucoup d'enfants…

À Nantes, il faisait beau, ce qui n'arrive jamais, la réunion était presque finie, et je ne devais pas traîner. Au retour, je mis le psychopathe suédois sous les verrous, et la contrôleuse, selon le rêve du bon docteur, me demanda ma carte pour vérifier mon âge. Je le jure !

Alix de Saint-André *a perdu sa valise dès son premier voyage en train. Naguère journaliste de presse et de télévision, elle écrit des livres où elle raconte utiliser ses pieds comme moyen de transport jusqu'à Compostelle. Dieu merci, cette année, elle a enfin droit à la carte Senior + de ses rêves !*

« Va, *cheminot*, chemine ! »

On l'aura compris, l'occasion était trop belle. Au prix d'un glissement orthographique, je n'ai pas résisté au détournement facile de la réplique célèbre du vagabond, dans un drame de Jean Richepin : « Suis ton destin ! Va, chemineau, chemine. » Je le lis comme un encouragement pour les cheminots, avec un *o* cette fois : à persister dans leurs principes, dans leurs valeurs. Et peut-être à nous montrer le chemin.

Ma tête est remplie de récits, d'anecdotes, d'allusions aux cheminots. À leur histoire, à leur vie rude, à leurs grèves, à leur rôle dans la Résistance. À leurs carrières « aux chemins de fer ». Celle de l'un de mes oncles, par exemple, qui à quatorze ans nourrissait le foyer à grandes pelletées de charbon comme Carette dans *La Bête humaine*. Et termine aux commandes d'une locomotive électrique. Celle de l'un de mes grands-pères, qui peignait d'élégants filets d'or sur les wagons de voyageurs. Dans ma famille, on est « aux chemins de fer » quand on n'est pas instituteur. Et il y a plus d'un rapport entre les deux : les lignes ferrées ont conquis le territoire et l'ont occupé pour la République, comme le faisait l'école.

Mes origines et mes racines, c'est au début du siècle dernier, celles de familles issues de la ruralité profonde, du bocage ou des vignobles, où on a pendant des siècles cultivé la terre sans la posséder. Au XIXe siècle, l'État, et surtout la République à partir de 1880, leur offre des ouvertures modestes mais sûres : l'enseignement et les chemins de fer. Ils s'y précipitent, non pas seulement, comme on le dit aujourd'hui avec une condescendance détestable, par souci de leur confort – un emploi à vie, une retraite. Mais avec le sentiment très vif de ce qu'ils doivent à un État qui leur a tout donné, les arrachant à la précarité et à l'incertitude du monde d'avant. D'où un sentiment confus de gratitude qui ne les quitte plus. C'est en leur mémoire que je porte au service public en général un attachement profond, qu'aujourd'hui on trouve déraisonnable.

Au lieu d'enseigner « le fait religieux » (c'est le travail des profs d'histoire et de lettres à l'occasion de l'étude d'une époque, ou d'un texte), on devrait plutôt enseigner aux enfants l'histoire de la République, de ses origines, de sa construction, de ses grands moments, de ses aveuglements, de ses combats pour instaurer « la sociale ». Enseigner l'histoire du service public, de l'école, de la Sécurité sociale, des chemins de fer. C'est ça, aussi, notre histoire, nos racines, notre identité : une identité populaire, ouvrière et républicaine.

Donc un peu d'histoire. Je veux suivre non pas le fil rouge des progrès faits par la classe ouvrière, et le peuple, mais retrouver les canaux souterrains, les avancées lentes, par où un peu de pouvoir et de sécurité leur est venu. Les chemins de fer ne sont pas nés de la République ; ils sont nés de la monarchie de Juillet, ils sont nés de l'idée qu'on se fait alors du progrès, de la révolution industrielle. Une révolution qui enrichit certains, pas tous, et donne à beaucoup une forme de protection et d'indépendance nouvelles. Le Second Empire reprend le flambeau, puis les débuts de la République, à la fin du XIXe siècle.

Mais les chemins de fer que nous connaissons, la « SNCF », sont liés au Front populaire.

Reprenons. Années 1830. Jamais le domaine économique n'avait été, au cours des temps, l'objet d'un bouleversement plus profond. Les chemins de fer modernes naissent avec la loi du 11 juin 1842, qui partage la responsabilité de la réalisation des chemins de fer français entre l'État, chargé des dépenses de l'infrastructure, et des compagnies concessionnaires, ayant à leur charge celles de la superstructure : la voie, les gares, le matériel roulant et l'exploitation. Déjà sont posées, dans des termes qui ne varieront pas beaucoup, les conditions d'un partage : entre l'État et le privé, c'est-à-dire les banques. La même loi dispose les grandes lignes selon un dessin radial, dit « étoile de Legrand », du nom du sous-secrétaire d'État aux Travaux publics. Un espace centralisé, jacobin.

Les locomotives à vapeur sont peu fiables, coûteuses d'entretien et d'exploitation, gaspillent une grande partie de leur énergie. Menaçantes, explosives et incendiaires. D'où quelques idées alternatives. Par exemple, utiliser l'air comprimé et non la vapeur. Et justement, en tâchant pour un livre récent de saisir les grandes lignes et les grands conflits de notre histoire nationale à partir de mon pays natal, l'Anjou, j'ai découvert que la petite commune de Chalonnes, Maine-et-Loire, avait, à la fin des années 1830, connu quelques essais d'application de l'air comprimé. L'ingénieur civil Triger utilise l'air comprimé pour atteindre un terrain houiller sous vingt mètres d'alluvions de la Loire. De nouveau, en 1845, toujours à Chalonnes, Triger a l'idée de s'en servir, cette fois pour la transmission de la force motrice. Pourquoi pas, dès lors, pour la traction des locomotives ? Le *Journal des chemins de fer*, premier journal ferroviaire spécialisé en France, lancé en janvier 1842, note que « le principe atmosphérique fait rapidement son chemin dans l'opinion publique et plusieurs ingénieurs distingués de la Grande-Bretagne et de l'Irlande paraissent très disposés à l'adopter ». De même *L'Illustration*, lancée en mars 1843, par le saint-simonien Édouard Charton.

Pour la IIe République, en 1848, le problème est toujours technique, mais il devient de plus en plus politique. Il y a toujours la question des accidents. Le freinage est problématique. Et puis il y a les pentes, les courbes, le poids : d'où ces ouvrages d'art impressionnants construits pour aller tout droit, sans virages et sans déclivités. Mais les révolutions ont ébranlé l'édifice social dans divers pays d'Europe et la crise financière a suspendu les forces de production nécessaires à la construction des chemins de fer. D'où l'idée d'une nationalisation des chemins de fer – qui couvait depuis l'ouverture des premières lignes. En 1848, le ministre républicain Duclerc défend, en vain, un projet de rachat. La même logique, donc, contradictoire, se poursuit sous le Second Empire : c'est celle du libéralisme économique dans laquelle nous sommes toujours. Le Second Empire, c'est la mise en place d'un réseau de grandes banques. Car des masses importantes de capitaux sont nécessaires pour soutenir les initiatives de Napoléon III : six grandes compagnies de chemins de fer sont créées, la longueur des voies ferrées est multipliée par cinq. Mais on le sait bien : s'il faut désenclaver des territoires, c'est moins pour l'émancipation des hommes que pour le développement économique. Car, pendant ce temps, la paysannerie stagne, et la « conscience sociale » de Napoléon III ne vient pas s'opposer à la structure oppressive du monde ouvrier.

Dans les débuts de la République, le chemin de fer s'avère l'instrument privilégié d'un grand dessein économique et social. En 1879, le ministre des Travaux publics Charles de Freycinet présente un ambitieux plan d'« outillage national », héritage de la « religion » saint-simonienne, très influente sous le Second Empire, thèse selon laquelle la justice et l'égalité passeront par le progrès technique. Et occasion d'une mutation radicale de la vie quotidienne. Les difficultés d'acheminement des hommes et des biens s'effacent, à chacun est offerte la possibilité d'user d'un moyen de communication dont la diligence et les courriers n'offraient qu'une pâle ébauche. Ce service est commun, il est public, il est à tous, comme le droit de vote (masculin). Illusion de démocratie ?

Peut-être, mais tenace.

D'où la popularité des chemins de fer, et des cheminots. Être cheminot, même si c'est au plus bas de l'échelle, à l'entretien des voies (mon grand-oncle E.), c'est plus que bénéficier de certains avantages, en matière de salaire et de protection de l'emploi, c'est être associé à ce grand mouvement, à ce grand effort initié en 1789. Dans toutes ses ambiguïtés. Car cette liberté d'entreprendre que demandent les grandes banques pour la poursuite du profit, si elle bénéficie aux plus pauvres, ce n'est pas son but premier. Le roman de Zola *La Bête humaine*, que Renoir adaptera au cinéma en 1938, est devenu, sans qu'il l'ait voulu, l'épopée des chemins de fer. Le théâtre de ces événements dramatiques, c'est la gare Saint-Lazare, alors en pleine expansion et qui va occuper tout un quartier du Paris de l'époque. Le rayonnement de ses voies, le mouvement régulier des pistons, la violence des jets de vapeur deviennent le symbole d'un monde capitaliste, immense mouvement d'horlogerie dont les rouages sont des hommes. L'histoire des chemins de fer, c'est donc le retour permanent d'un conflit entre l'intérêt économique (privé) et l'intérêt général. Et donc aussi une histoire récurrente de protestations et de grandes grèves. Quelle place l'État entend-il occuper, puisque, jusqu'à la veille de la Seconde Guerre mondiale, les chemins de fer sont sous la dépendance de compagnies privées ?

La SNCF est créée par le Front populaire, dans ses derniers mois, le 31 août 1937 (voir *L'Humanité* du 30 août 2017). Le vent a tourné, on marque une pause dans les réformes. Le 30 juin, Léon Blum a cédé sa place au radical Camille Chautemps, qui dirige un cabinet recentré à droite. Chautemps obtient du Parlement les pleins pouvoirs pour prendre « toutes mesures tendant à assurer » en priorité « le redressement économique » et « l'équilibre du budget ». Il faut donc régler le sort d'un système ferroviaire au bord de la faillite. En 1908, la Compagnie de l'Ouest, déficitaire, était passée sous le contrôle de l'État. Le déficit accumulé par les différents réseaux pèse sur les comptes publics. Au terme d'une négociation éclair, le gouvernement impose une réorganisation visant à unifier et à rationaliser l'activité ferroviaire sous la tutelle de l'État. L'État détiendra 51 % du capital.

La création de la SNCF prendra effet au 1er janvier 1938.

La nationalisation des chemins de fer, c'est beaucoup plus qu'une solution économique et financière. C'est un symbole de la souveraineté populaire. Le 19 février 1911, Jaurès déclarait : « Les travailleurs de la voie ferrée ont vu juste lorsqu'ils ont demandé [...] que l'ensemble des réseaux fût nationalisé » car « il y a pour la classe ouvrière un intérêt vital à ce que des services publics démocratiquement gérés se substituent aux monopoles capitalistes ». La même revendication est présentée lors de la grève massive des cheminots en 1920 : Léon Blum présente une proposition de loi visant à la « nationalisation industrialisée » du réseau.

D'où l'attachement viscéral des Français à leur SNCF. Renforcé par le souvenir, toujours vivace, de son rôle dans la Résistance et, moins connu, dans la libération de la France au moment du débarquement de juin 1944. La SNCF, qu'on le veuille ou non, ce n'est pas un « statut » privilégié, c'est la suite sans fin d'un espoir né dans les classes pauvres, il y a plus d'un siècle et demi.

Face au déploiement individualiste des routes, de l'industrie automobile, du Web et de Facebook, le « réseau ferré », communauté solidaire, contre les « réseaux sociaux », communauté illusoire ?

Va, cheminot, chemine !

Auteur d'une trentaine d'ouvrages, ***Danièle Sallenave****, de l'Académie française, vient de publier* L'Églantine et le Muguet *(Gallimard, 2018), histoire d'une éducation républicaine et pérégrination dans son Anjou natal, conservateur et clérical, où la République peina à s'installer.*

Repère
G
4

Président des gaufres

À Jean, mon père,
Julien, mon grand-père,
et Marcel, mon arrière-grand-père,
cheminots tous les trois.

Début juillet 1989, dans le train Amiens-Paris.

« Je t'ai déjà dit que je ne voulais pas te voir mettre tes doigts dans ton nez !

— Mais, Manu, as-tu déjà entendu un enfant de douze ans parler ainsi à…

— Pas douze, onze ans et demi.

— … Un enfant de onze ans et demi parler ainsi à son grand-père ?

— Les grands-pères, faut leur dire la vérité qu'ils méritent. Ça leur fait les pieds !

— Tu veux dire… les pieds de nez ?! »

Le petit-fils ne concède rien au sourire du grand-père :

« Pff, je déteste tes jeux de mots vieillots ! Je dis *vieillot* pour que tu comprennes, parce que c'est un mot vieillot. Vivement qu'on arrive à la gare du Nord ! Je veux ma gaufre. »

Le train ne met que deux heures pour rallier la capitale, mais ce sont deux longues heures pour Alfred. Il accompagne son petit-fils à Paris pour essayer de lui trouver *La Symphonie pastorale*, d'André Gide. Le gamin réclame le livre à cor et à cri ! Dans les librairies d'Amiens, il fallait le commander et attendre cinq jours ouvrables, mais Manu déteste attendre. Depuis qu'il est né, il est terriblement pressé.

« Alfred, c'est un prénom du siècle dernier, comme André, non ? Gide a dû naître dans les années 1869, environ, toi aussi ?

— Bigre ! Je ne suis pas une si vieille barbe ! Moi, c'était plutôt les années 1920. Tout file vite, et de plus en plus avec nos trains d'aujourd'hui...

— Nos trains ?! Mais ils ne sont pas à toi !

— Un peu, qu'ils sont à moi, oui, et à nous aussi ! En tant qu'ancien cheminot, j'ai parfaitement le droit de dire qu'ils sont à nous ! On en a tellement bavé pour les poser, ces rails, les tirer, ces lignes, les penser, ces aiguillages... »

Le jeune garçon soupire en levant les yeux au ciel du wagon.

« Mais en plus ils sont un bien commun, insiste le grand-père. Donc, ils sont à toi, à moi, à nous...

— Même à elle ? » rétorque le mouflet pour se tirer d'affaire.

Une fille, qu'il sentait un peu d'un autre monde, venait de passer dans le couloir, avec son père. Ils étaient montés à Amiens, eux aussi. Quand la fille a caressé la vitre, son père a dit : « Najat, tu ne touches à rien. Commence pas à nous faire remarquer. » Pas toucher une vitre ! Manu avait trouvé ça tellement ridicule. Alfred laisse passer un silence et réplique sèchement :

« Le train lui appartient aussi, oui, mon p'tit gars ! Aucun problème, on est sûrement de la même "République française". »

Manu est agacé par cette réponse, surtout à cause du « p'tit gars ». Il est pris d'une forte envie de mordre son grand-père au mollet, mais il ne va pas s'humilier à se mettre à quatre pattes, alors il lance une énormité au vieux retraité des chemins de fer :

« Moi, quand je serai président des trains, je déciderai que ceux qui possèdent plus de dix voitures peuvent les échanger contre un camion. Et, quand ils ont dix camions, ils peuvent avoir un train à eux tout seuls, s'arrêter ou pas dans les gares, faire payer leurs clients comme ils veulent et priver de trains ceux qui ont trop de bagages ou de gros arrière-trains…

— Tu sais, Manu, dans deux semaines, on va fêter le bicentenaire de la Révolution française, et le bien public, c'est une idée qui… »

Puis Alfred se tait. Il regarde le temps et le paysage passer dans le cadre de la fenêtre. Il a toujours aimé le train et sa longue bobine de philosophie qu'il déroule sur l'écran du plus grand cinéma ambulant du monde. On compte les maisons aux volets ouverts, entrouverts ou fermés. On s'imagine la table mise, l'amour ou la dispute, les courses, les enfants au foot, le but, la pluie, la belle-sœur chez le coiffeur. On prend du recul par rapport à la vie, aux églises, aux prairies de Picardie. Les poteaux filent sous notre nez, toutes les dix secondes, puis toutes les six, et toutes les trois… ça défile aussi vite que les saisons. Et plus les trains se modernisent, plus les poteaux nous préviennent que la vie ne sera qu'un bref voyage.

« Tu as vu, Manu, en gare, au départ ? C'est une toute nouvelle BB 26000 qui nous tracte, un bolide ! Quand je pense que cela fait à peine trente ans que la ligne est électrifiée entre Paris et Amiens… Et puis ça va sûrement continuer, un jour, jusqu'à la mer, Boulogne, Calais… tout ça grâce à l'électricité !

— Moi, quand je serai président de l'électricité, je dirai que je continuerai la ligne pour être élu, mais je ne le ferai pas. Ça ferait trop de monde à la mer ! Je déteste quand il faut faire la queue à la douche et au marchand de glace. Bon, elles arrivent, ces gaufres ?

— Ces gaufres ?!

— Oui. Cette fois, j'en veux deux. Une à l'aller et une au retour.

— Mais enfin, Manu… »

Le jeune garçon sort dans le couloir, histoire d'échapper à la leçon de morale du grand-père sur les petits Biafrais et pour jeter un œil dans le compartiment d'à côté. Najat doit avoir son âge. Elle est occupée à lancer des baisers invisibles à son propre reflet, sans oser toucher de ses joues la vitre. Elle est jolie comme un voyage gratuit, mais Manu ne la regarde pas, il l'observe. À la Providence, son école privée tout au sud d'Amiens, il n'y a pas beaucoup de filles aussi noires des yeux et des cheveux. Il se dit qu'elle doit vivre tout là-haut, dans ces sinistres quartiers nord qu'il a un jour traversés en voiture avec ses parents. Et qu'elle ne doit pas lire du Gide.

Il veut à tout prix lire *La Symphonie pastorale*, parce que sa prof a dit que l'auteur « y révèle la couleur de chaque note de musique » et lui, dès qu'il pose ses mains sur son piano, il pense sa vie en couleur.

Un cheminot à casquette déboule en fanfare : « Contrrrôle des billets, jeune homme ! »

Manu sursaute et montre son grand-père du doigt.

Alfred présente sa carte SNCF et le billet de Manu. Avec un sourire fraternel, il salue le contrôleur :

« Tout va bien à bord ?

— Ça roule, et en plus je finis ma semaine ce soir. Bon week-end à toi, retraité ! »

Manu demande :

« Tu le connais ?

— Non ! Mais c'est un collègue. On se sent tous membres de la grande famille du train. Tu vois, l'an dernier, il y a eu un grave accident sur le Luxembourg-Paris. Neuf gars y ont laissé leur peau. Mon collègue chef de district du coin a été condamné. J'ai vraiment souffert pour lui, dans mon corps… »

Pour masquer son émotion, Alfred ouvre un paquet de petits-beurre, en prenant tout son temps. Manu réagit au premier bruit de papier déchiré :

« Non ! Je me réserve pour les gaufres. »

Et il enchaîne :

« C'est parce que vous êtes une même famille que vous faites tout ensemble, même les grèves et les manifestations dans la rue ?

— Si ça sent mauvais, bien sûr que les cheminots sont nombreux à se boucher le nez ! Même entreprise, même statut ; mêmes rails, même rue !

— Moi, quand je serai président des cheminots, je ne donnerai pas la même statue à tous les employés. Certains auront des statues en plâtre, d'autres en acier, d'autres encore en cire de Babybel. Comme ça, ça fera des jaloux. Pas mêmes statues, pas même rue. Et hop ! plus jamais de grandes grèves. Ça sera tellement mieux, un nouveau monde comme ça !

— Zut, Manu ! J'espère bien que tu ne seras jamais président de rien du tout ! Et tes gaufres, n'y compte pas ! Moins tu mangeras de sucre, mieux tu phosphoreras ! Zéro gaufre, tu entends ? *Zéro !*

— Je sais que je les aurai, mes gaufres. Les deux. On est à Chantilly… elles approchent ! Maman dit que j'obtiens toujours ce que je veux ! Un jour, sûrement, je serai président des gaufres !

— Et sais-tu aussi que parfois tu mériterais une bonne paire de gaufres, mais à cinq doigts ?! Pour cause d'insolence très énervante et grandiloquente.

— Raté ! Je connais aussi ce mot-là. Du latin *grandis*, grand, et *loquor*, parler. »

Le grand-père et son petit-fils ne se parlent plus jusqu'à la fin du voyage.

La banlieue nord de Paris défile. Les villes sont de plus en plus collées les unes aux autres. C'est au tour de la Seine-Saint-Denis de s'offrir le grand écran philosophique. Des voyageurs comptent sûrement les maisons aux volets ouverts, entrouverts ou fermés. Ils s'imaginent la table mise, l'amour ou la dispute, les courses, les enfants au foot, le but, la pluie, la belle-sœur chez le coiffeur… Et, comme à chaque voyage pour Paris, Alfred cherche des yeux les ateliers SNCF de La Plaine, aux voûtes gonflées par l'histoire de la vapeur.

Puis toutes les voies se rapprochent, s'unissent, pour converger vers la gare du Nord.

Les freins crissent, tout le monde descend. La petite Najat s'accroche à son père.

Alfred tient la main de son petit-fils, qui cherche à se défaire de celle de son grand-père.

Au bout du quai, un panneau est scotché sur un rideau de fer baissé : *GAUFRES EN GRÈVE.*

Alfred est soulagé.

Nota bene : « Je suis petit-fils de cheminot… », déclaration d'Emmanuel Macron, le 24 février 2018 au Salon de l'agriculture, à Paris.

***Alain Serres** est né en 1956, à Biarritz. Instituteur pendant une quinzaine d'années, il a écrit plus d'une centaine d'ouvrages pour la jeunesse, des recueils de poèmes, des chansons et, en 1996, il a créé les éditions Rue du monde « pour tenter de partager valeurs humanistes, esprit critique et imaginaire avec les enfants ».*

Rail Roko

J'aime les avions. La sensation de la lévitation, d'être hors de moi-même. J'aime les aéroports. Leurs espaces transitoires. Être à la frontière, à la possibilité des choses.

Le train me ramène à mon enfance, à l'époque où ma maigre vie dépendait de la bienveillance supposée de mes parents. Le train était l'autre nom de l'évasion. Le temps d'un week-end, père nous emmenait ma mère et moi vers d'autres villes et villages. Les wagons ressemblaient à des cagettes, à travers les sièges en lattes, il était tentant de glisser mes doigts. Nous choisissions au hasard une station. Il n'était pas rare que mon père m'attrape par la main et descende à la dernière minute à une gare solitaire, délaissant ma mère, abasourdie et vexée, lui lançant le défi de nous rejoindre à la prochaine destination.

Le train longue distance prenait tout de suite une allure sérieuse, grâce à ses sièges moelleux en Skaï vert kaki. Il n'était pas coutume de prendre à la légère ce luxe. La nuit s'étalait tout au long des kilomètres.

Les appels des vendeurs de thé nous réveillaient. La tête posée contre la barre horizontale de la fenêtre, je me laissais bercer par le rythme du train qui m'emmenait loin de Calcutta. Mes parents assis en face, mon père près de la fenêtre, ma mère tricotant un pull, vraisemblablement pour moi, car elle jetait de temps en temps un œil sur moi, ou posait le tricot bleu ciel sur ma poitrine pour juger les mesures, faisant claquer les aiguilles en métal comme une bataille à l'épée entre deux marionnettes invisibles.

Le train sillonnait les vallées plates, verdoyantes, mosaïquées de vastes rizières. Les cocotiers, palmiers et dattiers les bordaient comme les soldats de rang, tandis que les banians et les ficus, avec leurs racines verticales, suspendues aux branches, ressemblaient à des moines barbus et solennels, d'autant que les villageois les décoraient souvent de *sindoor*. Quand nous passions tout près des villages, je pouvais entendre les cris des enfants sous les manguiers, qui, couverts de poussière, saluaient les voyageurs. Parfois, quand le train ralentissait, un marchand téméraire de jus de palme ou de canne à sucre s'approchait des wagons, glissait par la fenêtre les pots en terre cuite remplis de boissons fraîches.

Mon père et moi n'avions pas grand-chose à nous dire, mais le silence entre nous n'était pas vacant, il vibrait de nos sensations devant le paysage qui se déliait, au-dessus duquel les fils télégraphiques soulignaient le ciel cristallin. Sans lui parler, j'avais l'impression d'être liée à mon père, qui appréciait un arbre ou une rivière au même moment que moi, et c'était les mêmes canards dans l'étang qui l'amusaient. Un sentiment de paix m'enveloppait de la tête aux pieds, je fermais les yeux et continuais à sentir le soleil caresser mon visage, à deviner le tableau dehors se transformer petit à petit.

Lorsque nous traversions la frontière ouest du Bengale, la terre devenait aride, de plus en plus rougeâtre, le vent de plus en plus sec, ainsi que la langue, rugueuse et sèche, les arbres devaient s'accrocher, absorber chaque goutte d'eau pour survivre. Sur le trajet longeant la côte sud-est, l'air devenait salé, embaumé de l'odeur de la mer. La langue était aussi douce que le bengali, encore plus chantonnée, les voyelles suspendues à la fin des phrases, ce qui leur donnait un air cajoleur.

Cette année-là, nous allions visiter le temple du Soleil de Konârak. Ancré dans les terres sablonneuses, le monumental char solaire de grès rouge aux vingt-quatre roues, attelé à des chevaux et défendu par des éléphants et des tigres de pierre, semblait frissonner comme un mirage sous les lueurs fébriles du crépuscule. Les touristes prenaient la pose devant sa plus grande roue, dispersés, ils montaient et descendaient les marches du temple d'où ne se levait aucun son de cloche, vestige du passé où les pierres chauffaient lentement sous le soleil, écorchées chaque jour un peu plus par le vent bleu de la mer.

Lorsque nous arrivons à la première plate-bande du temple, le guide m'interdit de monter davantage, souffle quelques mots à mes parents et les emmène vers le haut. Je suis restée, abandonnée, sur l'étroit passage en pierre surplombant le vide, comme la chute de reins d'une danseuse géante. Les touristes autour de moi murmuraient, gloussaient. Je n'ai compris que plus tard qu'il s'agissait des scènes érotiques les plus abondantes et explicites sculptées dans les murs de la sphère haute du temple. Entourés de musiciens et de danseurs, hommes, femmes, en couple, en groupe, entre eux, entre elles, parfois avec les animaux, s'étaient adonnés à une joyeuse luxure dont les rires et les râles semblaient briser la prison de pierre. À côté de cette orgie se trouvait parfois un homme ou une femme, solitaire, feuille et plume à la main, probablement parce que le sculpteur avait voulu laisser un témoin, son double, ou qu'il avait eu envie de s'évader de sa vie un instant et de s'éclipser entre les rochers.

Les esprits puritains de l'époque victorienne allaient encore faire long feu. Le site du XIIIe siècle étant classé à l'Unesco, les touristes y pullulaient, les gloussements des jeunes couples se mêlaient aux grognements embarrassés des plus âgés, tandis que nous, les enfants, prétendions n'en rien comprendre, puisque nous savions que nos parents feraient taire d'un trait sec de gifle la moindre réaction de notre part.

Mes souvenirs du train forment une recomposition de vies minuscules, de la vie des autres. Les wagons-souvenirs brinquebalent, faillissent se heurter les uns contre les autres. Un *locomotif* traverse le paysage au bord des champs, devant le regard émerveillé d'Apu et de Durga. C'est un train qui ne s'arrête jamais.

Ailleurs, autrefois, d'autres convois seront arrêtés.

En 1992, tous les services du bus et du train à destination d'Ayodhya, à l'est de Delhi, ont été bloqués par les autorités. Mais les militants arrivaient à pied de tous les coins de l'Inde. « Les singes du dieu » se frappaient la poitrine, au milieu de drapeaux safran hérissés, un bandana de même couleur entourant leur tête. Ils brandissaient surtout une brique sur laquelle était gravé « Sri Ram ». Ils convergeaient vers une seule destination, Ayodhya, avec l'objectif de reconstruire le temple détruit par les sultans moghols pour fonder une mosquée, des siècles plus tôt. Armés de pioches, de marteaux, de tridents et de sabres, les deux cent mille fidèles de Ram ont franchi le barrage de la police, qui les observait, fascinée. Puis ils ont monté sur les trois dômes grisâtres et vétustes de la mosquée et ont commencé à donner des coups de marteau sur la construction antique.

On ne sait pas à quel moment exact les émeutes ont éclaté. Ni à quel endroit précis. Mais plus de deux mille personnes, en majorité des musulmanes, sont tuées au cours des affrontements dans les grandes villes indiennes, notamment à Bombay et à Delhi.

Le peuple peut souffrir d'une amnésie partielle et ponctuelle, pour reproduire quelque chose de criminellement répétitif.

En 2002, lorsque Narendra Modi était le chef de l'État de Gujarat, une nouvelle émeute a éclaté entre hindous et musulmans. À la suite d'une altercation entre des voyageurs et un vendeur de thé, le train Sabarmati Express a été visé par une foule enragée. Venue des alentours de la gare de Godhra, elle a tué ses compatriotes piégés dans le train par de gros coups de pierres. Puis ont mis le feu au wagon. La violence meurtrière est sans doute contagieuse et enivrante. De la gare jusqu'au quartier environnant, puis aux banlieues et villes diverses de l'État, le feu s'est propagé. Les émeutiers ont rasé les quartiers musulmans, les ont réduits en cendres. Décrite par certains sociologues comme « le terrorisme d'État » ou encore « le nettoyage ethnique », l'émeute du Gujarat reste un point de déshonneur pour Modi. Accusé de négligence stratégique, puis innocenté, le chef d'État indien d'aujourd'hui ne semble guère repenti.

Le feu change de main, mais les histoires demeurent les mêmes. Le train reste l'outil de résistance par excellence. Le voir figé sur les rails comme un monstre vaincu crée l'illusion de freiner la course du temps, de dompter le destin.

En février 2018, l'antenne jeunesse du Parti communiste du Bengale a commencé le mouvement « Rail Roko ». Ils ont bloqué les trains et sont descendus sur le chemin de fer en exigeant entre autres de pourvoir les postes vacants dans les services ferroviaires et d'améliorer les équipements pour les services aux usagers. À Jadavpur, une jeune cheffe fut sévèrement blessée et une soixantaine d'activistes heurtés par le train à grande vitesse qui leur a foncé droit dessus. En interrogeant à droite et à gauche, j'ai découvert qu'il s'agissait d'une femme que j'avais connue dans ma vie antérieure à Calcutta.

Elle se maquillait comme une voiture volée des années soixante-dix. Car oui, les voitures d'aujourd'hui sont d'une telle monochromie postmoderne, d'une telle poésie futuriste, que seules les pièces détachées dissimulées dans un vieux garage pouvaient égaler son furieux goût pour les couleurs. Vaswati n'éveillait pas beaucoup d'estime chez ses camarades, jugée veule et légère. Son militantisme consistait à rire à pleines dents à la moindre blague des garçons, à se gaver de casse-croûte dans des échoppes douteuses, et à suivre aveuglément les consignes du parti. À cette époque-là, d'autres jeunes femmes brillantes bourgeonnaient de promesses.

Les années ont passé. Le parti a été délogé du pouvoir, le drapeau est déchiré en dix morceaux, les militants rôdent comme des chiens hagards autour d'un festin. Je n'ai jamais apprécié Vaswati. Je ne l'affectionne toujours pas. Elle est sotte et obstinée. Mais son bras cassé est un point de rupture dans ma journée, un accident sur le fil lisse du temps. Je n'arrive pas à l'oublier.

Décidément, je préfère les avions. Ils m'aident à m'arracher du sol crasseux.

Il y a des trains que nous arrêtons. Il y en a d'autres qui nous arrêtent, pour nous obliger de regarder le chemin, délaissé derrière nous.

Née à Calcutta, ***Shumona Sinha*** *est une romancière franco-indienne qui vit à Paris. Auteure d'*Assommons les pauvres, *elle a obtenu le Prix du rayonnement de la langue et de la littérature de l'Académie française pour son roman* Calcutta. *Elle est auteure d'anthologies de poésie en français et en bengali.*

Le grand homme d'Amiens

« Une gare, c'est un lieu où on croise les gens qui réussissent et les gens qui ne sont rien. »

Emmanuel Macron,
29 juin 2017.

Le huitième président de la Ve République est natif d'Amiens.

Amiens a son grand homme. C'est entendu. Amiens est une petite ville de province française non totalement dénuée d'intérêt. Sa cathédrale abrite *L'Ange pleureur*, sculpture du XVIIe siècle, œuvre de Nicolas Blasset : un angelot potelé, le coude droit appuyé sur un crâne humain, la main gauche posée sur un sablier, le temps qui fuit. Il a bien des raisons de pleurer, l'angelot. Sur le monde, son état, son devenir. Une publicité des pastilles Valda (« Les Pastilles Valda préviennent et combattent efficacement toutes les maladies des voies respiratoires »), carte imprimée pour la série « La France qu'il faut connaître », résumait ainsi Amiens, dans le département de la Somme : « Préfecture, évêché, cour d'appel, belle cathédrale gothique, fabrication de tapis velours d'Utrecht, étoffes de laine, pâtés de canard renommés. Patrie de Pierre L'Ermite, de Gresset, de Voiture, de Delambre, de Dufresne. Statue du grammairien

Lhomond. » Mais le véritable grand homme d'Amiens ne figurait pas dans la liste. Pas encore. Trop tôt.

Il n'y a pas lieu de brosser ici le portrait des célébrités de la ville d'Amiens égrenées par les pastilles Valda, le portrait de Vincent Voiture, membre de l'Académie française à l'époque de Richelieu, ni celui de Jean-Baptiste-Louis Gresset, autre académicien, protégé de Madame de Pompadour, rejeton des jésuites « qui porta dans l'érudition l'audace pénétrante du génie et l'opiniâtreté féconde d'une infatigable investigation », comme le soulignait Jacques-François Ancelot, troisième académicien (qui, lui, était du Havre), pas plus que le portrait de Jean-Baptiste Delambre, astronome intéressant, membre de l'Académie des sciences, observateur attentif des planètes Mercure et Uranus. Afin d'éviter toute jalousie, précisons aussi que, dans la liste, Charles Dufresne, ou du Fresne, sieur du Cange, auteur de dictionnaires de latin et de grec, possède sa statue en bronze inaugurée le dimanche 19 août 1849, à 14 h 30, en présence du préfet de la Somme et devant des détachements du 23ᵉ régiment d'infanterie et du 9ᵉ cuirassier (à cette occasion, le docteur Rigollot, président de la Société des antiquaires de Picardie, fut décoré de la Légion d'honneur).

Il n'y a pas lieu de s'arrêter davantage sur Pierre L'Ermite, personnage peu sympathique, prédicateur zélé de la première croisade. Le poète Lamartine refusa d'assister à l'inauguration, sous l'égide de la Société des antiquaires de Picardie, de la statue du prêcheur brandissant une croix, posée sur un socle où était inscrit : « Dieu le veut. » Lamartine ne mâchait pas ses mots. Enfin pas toujours. « Je considère Pierre L'Ermite comme un derviche chrétien conduisant l'Europe en aveugle à la perte de son temps, de son sang et de son bon sens. Rien de beau hors de l'humanité ; rien de vrai dans le fanatisme. Amiens aurait, selon moi, d'autres mémoires à honorer. » On tombera d'accord, sur ce point, avec Alphonse de Lamartine.

Il est préférable d'en venir au vrai grand homme d'Amiens, un homme moderne.

Le véritable grand homme d'Amiens aimait les trains.

« Comme il vous plaira, répondit-il, vous êtes le maître. Je vais reprendre le train de Londres et attendre vos ordres. »

Une fois, de Londres, lui prit l'envie de partir pour Paris. En première classe. *Et le train se mit en marche.*

Une autre fois, en Inde... Oui, il faut dire que les voyages forment la jeunesse, que la planète est une et mérite d'être explorée dans le détail. Le train est une bonne manière de l'arpenter, d'apprécier les paysages, les gens, leurs mœurs et coutumes. Le train est facteur de progrès. La première locomotive du monde, par exemple, œuvre de l'ingénieur britannique Richard Trevithick, tira dix tonnes de charge utile sur quinze kilomètres le 21 février 1804 (*travelling engine*, dit-on en anglais, parce qu'il est toujours malin de glisser ici ou là un ou deux mots d'anglais, signe de modernité). Le même Richard Trevithick fit rouler, à Londres, en 1808, une locomotive baptisée Catch Me Who Can, « m'attrape qui peut ». Une vingtaine d'années plus tard, le Liverpool and Manchester Railway (L&MR – il est toujours avantageux d'introduire des sigles dans un propos) lança un concours doté d'un prix de 500 livres sterling à qui inventerait la locomotive la plus compétitive. La Sans-Pareil, de Timothy Hackworth, dépassait en poids les normes imposées. La Persévérance, de l'Écossais économe Burstall, était plus légère de moitié. La Novelty, d'Ericsson et Braithwaite, fut assemblée en sept semaines. Chacune avait ses qualités. Mais la Rocket, de George Stephenson et son fils Robert, remporta le concours, et finalement, grâce à cette machine prodigieuse, la ligne s'ouvrit le 15 septembre 1830. Et puisqu'il est acquis qu'on n'arrête pas le progrès, la première locomotive électrique, de 90 tonnes, absorbant 900 ampères sous 300 volts, fut mise au point par la compagnie américaine Thomson-Houston en 1895.

Bien sûr, le progrès se lit de diverses manières. Il y a ceux qui ne sont rien et ceux qui ont réussi. En juillet 1898, on inaugurait officiellement le chemin de fer du Congo à voie étroite de 0,75 mètre, rails de 22 kilos au mètre courant, traverses métalliques de 30 kilos, 1 400 par kilomètre. Des masses humaines, asiatiques et africaines, avaient taillé le roc, posé les traverses et les rails dans d'indescriptibles conditions, d'indicibles souffrances, tandis que les actions de la Compagnie du chemin de fer du Congo, société anonyme constituée devant maître Van Halteren à Bruxelles, rapportaient de sérieux dividendes aux actionnaires.

Des trains, il en existe partout, ou presque. Le grand homme d'Amiens le savait bien, lui qui savait tout. En Inde (parce qu'il pouvait parler couramment de l'Inde autant que d'une myriade d'autres choses), il connaissait l'essentiel de la ligne du Great Indian Peninsular Railway, de Bombay à Calcutta, passant par Burhampour, Allahabad et le comptoir français de Chandernagor. Le train de nuit partait à 20 heures tapantes. On trouvait dans ses compartiments des négociants en indigo et en opium. Et puis des militaires. C'était l'aventure à coup sûr.

Le grand homme d'Amiens brillait donc par l'étendue de son érudition, la justesse de ses notations. Au risque de passer pour pédant, il était à même de décrire sans erreur les trois lignes ferroviaires convergeant à la gare de Tiflis, en Géorgie, dans le Caucase. « Que voulez-vous ? Il faut bien satisfaire aux exigences du reportage, aux nécessités si modernes de l'interview. » Pourtant, on pouvait douter que ce puits de science ait jamais emprunté la ligne de Vladikavkaz, qui traverse le mont Arkhot, dans le pays des Ossètes, ou la ligne de l'est pour Bakou, centre de l'industrie pétrolière ouvert sur la mer Caspienne, ou encore la ligne de l'ouest vers Poti, port de la mer Noire, dans laquelle s'étaient investis les capitaux britanniques de G. B. Crawley & Cie (également partie prenante des chemins de fer d'Espagne, de Belgique, de Roumanie et du Mexique). Mais peu importe. L'essentiel était de capter l'attention. Le train pour Bakou partait à 18 heures et arrivait à destination le lendemain matin à 7 heures. Cela, le grand homme d'Amiens le savait. De même qu'il savait qu'à Tiflis existait, outre la gare, un Hôtel de France où l'on buvait un vin vieux de Kachélie estimé du clergé et qui « passe pour ne jamais enivrer ».

Gare de Kizil-Arvat, 19 h 13, arrivée du train. Deux heures d'arrêt. Kizil-Arvat, là-bas, au Turkménistan, station de deuxième classe. Qu'y voir ? À Kizil-Arvat coule un ruisseau dont l'eau est bonne *à condition d'avoir été filtrée*... Gare de Samarcande, Asie centrale, cité du terrifiant Tamerlan et de son tombeau, cinq heures d'arrêt (disons que Samarcande disposait d'un « Grand Hôtel » où était annoncé en français : *Buffet et table d'hôte*)... Les gares s'échelonnaient en mode irrégulier le long de la voie. Des gares où l'on croisait des gens. Gare de Pékin, terminus du train. « Pékin, tout le monde descend ! »

Il paraissait aisé d'entreprendre un tour du monde en misant spécialement sur ce moyen efficace et rationnel de locomotion qu'est le chemin de fer. Ainsi l'Ancien et le Nouveau Monde se connectaient-il, et communiaient-ils, presque, dans la foi progressiste. S'il s'agissait de traverser un continent, *ocean to ocean*, aimait-il à préciser, le grand homme d'Amiens citait illico les deux compagnies constitutives du Pacific Railroad : la Central Pacific, de San Francisco à Ogden, État de l'Utah, partie de l'ouest, et, partie de l'est, l'Union Pacific, d'Omaha, État du Nebraska, à Ogden. D'autres compagnies, depuis Omaha, permettaient ensuite de gagner New York. Il fallut nécessairement un nombre très considérable d'heures, de journées, de mois de labeur, comptabilisés en dollars, pour construire la ligne transcontinentale. Le 10 mai 1869, la locomotive Jupiter, de la Central Pacific, et la N° 119, de l'Union Pacific, se rejoignirent en un point où fut célébré ce triomphe de l'effort humain. Il y avait plus invisible, naturellement, que le clou en or planté dans la dernière traverse au jour de l'achèvement des deux tronçons : tous les Chinois, tous les Irlandais qui avaient trimé comme des bêtes pour la gloire des États-Unis d'Amérique et le portefeuille des actionnaires. Dans le comté d'Albany, État du Wyoming, existe un monument, sorte de pyramide, dédié à Oakes Ames, financier de l'Union Pacific, *start up investor*, par ailleurs élu du Massachusetts et membre influent du Parti républicain. Il n'existe pas de monument aux travailleurs irlandais de la voie. Leland Stanford, qui donna le premier coup de pioche pour la Central Pacific et planta le clou d'or de la jonction à Promontory Summit, avait auparavant été gouverneur de la Californie (il dirigea également, entre autres, la Wells Fargo & Cie que chérissent les amateurs de western et il possédait des vignobles réputés, un élevage de pur-sang). Il avait réussi. Ce n'était pas comme les Chinois qui avaient brûlé leur vie sur la voie et que l'on appelait simplement *John Chinaman* parce qu'ils n'étaient rien. Mais laissons ces passions tristes, d'allures revendicatives, aux *losers* éternels, tel cet écrivain de San Francisco qu'intéressaient les vagabonds du rail ou le peuple de l'abîme.

Jack London avait roulé sa bosse, circulé sur le toit d'un wagon postal, pour ne rien payer du voyage. Ce n'était pas le cas du grand homme d'Amiens. Cependant, s'il n'était pas de pauvre condition et n'était guère sensible au sort des prolétaires, cet homme retenait au moins les côtés pittoresques du train. « Entre Omaha et le Pacifique, relevait-il, le chemin de fer franchit une contrée encore fréquentée par les Indiens et les fauves. » Et, de fait, il racontait comment les immenses troupeaux de bisons traversaient la voie, stoppant des heures durant un convoi. Il avait plus fort, mieux que les *buffalos* pour stimuler l'imagination. Il avait l'attaque du train par les Sioux. Les Sioux ? Oui, les Sioux, de « hardis Indiens » munis de fusils, vendus probablement par quelques trafiquants sans scrupules. Des Sioux à cheval équipés d'armes à feu, peut-être de carabines Winchester. Quels Sioux ? Les Oglalas ? Les Hunkpapas ? Ceux de Red Cloud ? Ceux de Sitting Bull ? « En même temps, les Sioux avaient envahi les wagons, ils couraient comme des singes en fureur. » Les voyageurs se défendaient à coups de revolver contre l'assaut des Peaux-Rouges. « Une vingtaine de Sioux, frappés à mort, étaient tombés sur la voie, et les roues des wagons écrasaient comme des vers ceux d'entre eux qui glissaient sur les rails du haut des passerelles. » Quel cruel spectacle ! Et dire que les enfants s'en délectaient ! Il n'était pas forcément blanc-bleu, le grand homme d'Amiens. Mais il est certain qu'il aimait les trains, Jules Verne.

***Philippe Videlier**, historien et écrivain, a publié aux éditions Gallimard* Dernières nouvelles des bolcheviks, Quatre saisons à l'Hôtel de l'Univers, Dîner de gala, Nuit turque *et* Le Jardin de Bakounine et autres nouvelles de l'Histoire.

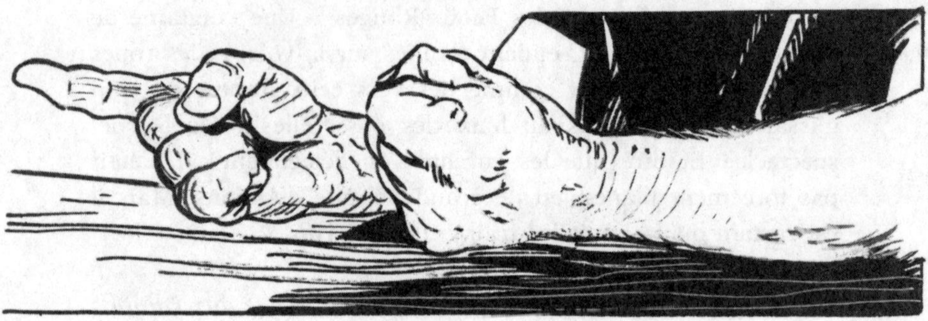

ıce
075M
SNCF

Table des matières

Tous les droits d'auteur issus de la vente de ce livre sont reversés aux caisses de grève.

Pour écrire aux auteurs :
Éditions Don Quichotte
96, boulevard du Montparnasse
75014 Paris

auteurs@donquichotte-editions.com

facebook.com/donquichotte.editions
@DonQuichotteEd

RÉALISATION : NORD COMPO À VILLENEUVE-D'ASCQ
IMPRESSION : NORMANDIE ROTO IMPRESSION S.A.S.
DÉPÔT LÉGAL : JUIN 2018. N°140651 (1801678)
IMPRIMÉ EN FRANCE